Christine Swientek

Was Adoptivkinder wissen sollten
und wie man es ihnen sagen kann

HERDER / SPEKTRUM

Band 4706

Das Buch

Adoptiveltern sind besondere Eltern – sie haben einen langen Weg hinter sich, um ein Kind, ihr Kind, zu bekommen. Und so ist das Verhältnis zwischen Eltern und Kind dann auch von einer ganz besonderen Gefühlsqualität: Es gibt auch untergründige Ängste und viele positive Hoffnungen für das Kind. Und auf jeden Fall ist die Situation für alle Beteiligten neu: Für die Eltern, für die Kinder (egal wie alt sie sind), auch für die Umgebung, die vielleicht nicht so recht weiß, wie sie sich verhalten soll. Christine Swientek hat jahrelang sowohl Adoptiveltern wie auch Adoptivkinder begleitet. Sie ist gefragte Beraterin für alle Fragen der Adoption. Und aus ihrer Erfahrung heraus plädiert sie für Offenheit – von Anfang an. Sie zeigt Eltern, wie sie sich und ihre Umgebung positiv vorbereiten können, wo und wann es sinnvoll ist, auf die besondere Situation in ihrer Familie hinzuweisen – damit sie nicht bittere Überraschungen erleben. Sie zeigt an ganz praktischen Beispielen, wie Eltern ihre Kinder aufklären und auf die schwierigen Fragen Antworten finden können: Ein ehrliches, hilfreiches und sensibles Buch.

Die Autorin

Christine Swientek ist Erziehungswissenschaftlerin und lehrt als Professorin an der Universität Hannover. Zahlreiche Publikationen. Bei Herder/Spektrum: Mit 40 depressiv, mit 70 um die Welt. Wie Frauen älter werden (4010), Mal sehen, was das Leben noch zu bieten hat. Das fünfzigste Jahr oder die bessere Hälfte des Lebens (4298), Nachwort zu Marianne Arlt: Pubertät ist, wenn die Eltern schwierig werden. Tagebuch einer betroffenen Mutter (4100), Wer sagt mir, wessen Kind ich bin? Von der Adoption Betroffene auf der Suche (4163). Was bringt die pränatale Diagnostik? Informationen und Erfahrungen (4654).

Christine Swientek

Was Adoptivkinder wissen sollten und wie man es ihnen sagen kann

Herder

Freiburg · Basel · Wien

Erweiterte Neuausgabe

Gedruckt auf umweltfreundlichem, chlorfrei gebleichtem Papier
Alle Rechte vorbehalten – Printed in Germany
© Verlag Herder Freiburg im Breisgau 1998
Herstellung: Freiburger Graphische Betriebe 1998
Umschlaggestaltung: Joseph Pölzelbauer
Umschlagfoto: © Hartmut W. Schmidt – Fotografie, Freiburg
ISBN 3-451-04706-3

Inhalt

„Eure Kinder sind nicht Eure Kinder, sie sind die Söhne und Töchter der Sehnsucht des Lebens nach sich selber.

Sie kommen durch Euch, aber nicht von Euch, und obwohl sie bei Euch sind, gehören sie Euch nicht.

Ihr könnt ihnen Eure Liebe geben, aber nicht Eure Gedanken, denn sie haben ihre eigenen Gedanken.

Ihr könnt ihren Körpern ein Heim geben, aber nicht ihren Seelen, denn ihre Seele wohnt im Haus von morgen, das Ihr nicht besuchen könnt, nicht einmal in Euren Träumen.

Ihr könnt versuchen, ihnen gleich zu sein, aber versucht nicht, sie Euch gleich zu machen. Denn das Leben geht nicht rückwärts und verweilt nicht beim Gestern.

Ihr seit die Bogen, von denen Eure Kinder als lebende Pfeile ausgeschickt werden.

Der Schütze sieht das Zeichen auf dem Pfade der Unendlichkeit, und Er biegt Euch mit Seiner Macht, auf daß seine Pfeile schnell und weit fliegen.

Möge das Biegen in des Schützen Hand Euch zur Freude gereichen; Denn gleich wie Er den fliegenden Pfeil liebet, so liebt Er auch den Bogen, der standhaft bleibt."

Kahlil Gibran (1883–1931) aus: Der Prophet. Wegweiser zu einem sinnvollen Leben.

Was dieses Buch *nicht* will

Das vorliegende Buch über die „Aufklärung" von Adoptivkindern über ihren Status will zweierlei *nicht* sein: eine wissenschaftliche Abhandlung, wer wann was und warum im repräsentativen Durchschnitt aller bundesdeutschen Adoptiveltern seinen Kindern über Herkunft, Absicht und Verlauf der Adoption sagt – und auch nicht ein Rezeptbuch in Sachen Adoption: Man nehme ... die richtigen Worte ... und am Ende der Entwicklungszeit steht ein fertig aufgeklärtes Kind.

Diese Arbeit könnte am ehesten als Problemskizze bezeichnet werden, die aus der jahrelangen Arbeit und vielen Diskussionen mit Adoptiveltern und Adoptivkindern hervorgegangen ist. Offene Fragen, Anregungen, Beispiele stehen im Mittelpunkt. Sie stammen alle aus dem Alltag von Adoptivfamilien, von denen sehr viele das Fehlen einer persönlichen oder schriftlichen Hilfe bei den Gesprächen mit ihren Kindern über die Fragen der Herkunft bedauerten. „Wenigstens mal hören, wie es andere machen", war der Tenor vieler Aussagen – und: „Es ist schon gut zu hören, daß sich andere damit auch schwertun; wir denken immer, nur uns macht das solche Probleme!"

Alle angesprochenen Adoptiveltern waren sehr offen, sehr kooperativ, sehr hilfsbereit. Viele sprachen ganz deutlich aus, daß sie „damals dankbar gewesen wären für eine solche Hilfe – damals, als bei uns diese Fragen anstanden". Andere Eltern, die diese Gespräche noch vor sich hatten, nahmen die Gelegenheit zu langen Diskussionen gerne wahr – die Unsicherheit wurde stets deutlich. Sie wurde aber auch ganz konkret angesprochen. Sich in der Gemeinschaft mit vielen Gleichbetroffenen zu fühlen, tat den meisten Eltern gut. Es nahm ihnen das Gefühl, persönlich verantwortlich zu sein für Unsicherheit, Unwissenheit, „Versagen".

So will dieses Buch auf breiterer Ebene den Austausch ermöglichen, Anregungen geben, hilfreich sein – bei aller Offenheit den Problemen von Adoptiveltern und ihren Kindern gegenüber.

Warum überhaupt aufklären?

„Adoptiert zu sein und nichts von der eigenen Herkunft zu wissen, ist, als ob man blind durch den Nebel fliegt."

(Ein Adoptierter, in: Sorosky, 1982, S. 117)

Schon während der Adoptionsvermittlungsphase geben manche Eltern zu verstehen, daß sie es für unnötig halten, das Kind darüber aufzuklären, daß es angenommen wurde und biologisch nicht dieser Familie zugehörig ist. Diese Bedenken haben meistens zwei Ursachen:

- Zum einen sind viele zukünftige Eltern unwissend, haben sich über diese Fragen auch noch keine Gedanken gemacht. Sie nehmen das Kind als eigenes an und wollen es ganz selbstverständlich auch als solches behandeln und erziehen. Im Gespräch mit diesen Eltern reicht es oft aus, zu erklären, daß und warum ein Kind über seinen Status Bescheid wissen muß und in welcher Form und zu welcher Zeit das am besten zu geschehen hat, damit sie tatsächlich die Notwendigkeit erkennen und sich später daran halten.

- Viel problematischer ist die Gruppe potentieller Adoptiveltern, die eine Aufklärung deutlich ablehnen. Es sind diejenigen, die nicht nur dem Kind, sondern vor allem sich selbst nicht eingestehen können und wollen, daß sie „nur" ein Adoptivkind haben, weil ihre Ehe biologisch kinderlos blieb. Für diese Eltern ist das Adoptivkind oft nur ein Ersatz für etwas, was sie viel lieber gehabt hätten: ein leibliches Kind.

Nun wollen sie alles tun, um sich selbst die Illusion zu erhalten, daß es sich hier um ihr „eigenes" Kind handelt – oder sie wollen alles vermeiden, was diese Illusion zerstören würde. Ein „aufgeklärtes" Kind fragt und spricht ein Leben lang über seinen Status (wenn natürlich auch nicht pausenlos!). Es wird die Wunde der eigenen Kinderlosigkeit, der empfundenen Minderwertigkeit immer wieder aufreißen.

Diese Eltern von der existentiellen Notwendigkeit der „Aufklärung" zu überzeugen ist oft schwierig.

Oftmals willigen sie *scheinbar* ein, zeigen sich einsichtig, arbeiten im Gespräch mit – weil sie ahnen oder wissen, daß man ihnen sonst kein Kind vermitteln würde. Gleichzeitig aber wissen sie auch, daß ihnen niemand ein Kind im Alter von 5 oder 6 Jahren fortnehmen würde, nur weil es nicht über seinen Status informiert worden ist und offensichtlich auch nicht die Absicht besteht, die Gespräche alsbald nachzuholen.

Diese und alle anderen zögernden (potentiellen) Adoptiveltern müssen sich über 2 Tatsachen im klaren sein, die eine Aufklärung nötig machen:

- Wenn sie selbst die Informationen an das Kind nicht geben, tun es andere! Eine Adoption ist nicht geheimzuhalten. Nur in sehr wenigen Ausnahmen gelingt es, die Umwelt zu täuschen. Das bedeutet in der Regel aber Abbruch aller sozialen Beziehungen, Fortzug, totalen Neuanfang. Aber auch dann gibt es keine Gewähr für lebenslange Geheimhaltung: Es gibt schriftliche Unterlagen über die Adoption, die „gefunden" werden können, es gibt „ Zufälle", die nicht auszuschließen sind, es gibt „Versprecher" bei den Eltern – und auch Elternteile, die es eines Tages nicht mehr aushalten, mit diesem Geheimnis und allen dazugehörigen Lügen zu leben. Nicht zuletzt gibt es (wenngleich nicht oft!) plötzlich auftauchende leibliche Eltern. Alles ist selten – aber Adoptiveltern, die versuchen, mit dieser Lüge zu leben, müssen ständig in der Angst leben, daß „etwas herauskommt". Und schon allein diese Angst macht die notwendige gelassene Haltung in der gesamten Kindererziehung unmöglich.

  Verbleiben die Eltern mit ihren Adoptivkindern im gewohnten Milieu, wissen es alle: Nachbarn, Verwandte, Freunde, Arbeitskollegen, die Krankenkasse, der Arbeitgeber, das Ordnungsamt ... Und alle haben „undichte Stellen", mit denen schon so manches Adoptivkind und seine Adoptiveltern unangenehm überrascht wurden. (Im Kapitel „Was passiert, wenn nichts passiert?" werden einige Fälle und ihre Folgen aufgezeigt.)

- Jeder Mensch hat ein natürliches Bedürfnis, etwas über seine „Wurzeln", sein Verwurzeltsein in der Menschheitsgeschichte, zu erfahren. Seine Identität bildet sich teilweise aus dem Bewußtsein seines eigenen Standortes in einer Kette von Menschen, die vor ihm waren und die nach ihm kommen werden.

Woher komme ich? (Erst später in der Entwicklung: Wohin gehe ich?) Wer waren meine Vorfahren? Wie und was waren sie? Wie haben sie gelebt ...?

Identität ohne „Wurzeln" ist verkümmertes Dasein, ist wie eine Amputation, bringt das Gefühl des Ausgesetztseins, der Verlorenheit.

Identität bildet sich aber vor allem durch das, was andere Menschen in uns sehen, wie sie sich uns gegenüber verhalten, wie sie uns widerspiegeln, wer wir (für sie) sind. Das Selbstbild des Menschen entsteht aus dem Fremdbild. Demjenigen (vor allem jungen) Menschen, dem Vergangenheit und Herkunft vorenthalten werden, der mit einem Geheimnis umgeben lebt und deshalb auch permanent *belogen* werden muß, wird auf diese Weise „gesagt":

1. Du bist zu schwach, die Wahrheit zu ertragen.
2. Du bist es nicht wert, die Hintergründe zu erfahren.
3. *Du* stellst mit diesen „Anforderungen" eine Überforderung für uns dar.
4. Alles in allem: Die Situation ist nicht so, wie sie sein sollte und du bist nicht der, den wir gerne hätten!

Dies bedeutet für viele ein lebenslanges Suchen nach Vergangenheit, Identität, Abstammung, eigener Geschichte. Menschen, die über ihre Herkunft nichts wissen, sind wie Findelkinder, die ausgesetzt und dem Schicksal überlassen wurden. Wissen um die eigene Herkunft bedeutet Sicherheit, sich aufgehoben wissen – eine Biographie zu haben, die nicht erst mit der eigenen Geburt beginnt, sondern ihre Anfänge in den Generationen vor uns hat.

„Wenn man nicht über die eigene Herkunft informiert werden kann, dann wird immer eine Lücke im Identitätsbewußtsein bleiben. Ich glaube, daß das Recht zu wissen, im eigentlichen Interesse des Adoptierten ist. Eine Lücke im Identitätsbewußtsein führt dazu, daß man sich distanziert und unwirklich vorkommt, was bei adoptierten Menschen meistens der Fall ist." (Sorosky u. a., 1982, S. 120)

Die Aufklärung wird vorbereitet

Das Gespräch mit dem Kind über seine Adoption beginnt lange vorher mit Gesprächen und Informationen der Umwelt: Verwandte, Freunde, Nachbarn leben mit uns, sie erziehen mehr oder weniger deutlich und bewußt mit, und sie können auch ohne bösen Willen erheblichen Schaden bei dem adoptierten Kind anrichten.

„Du bist ja gar nicht das Kind deiner Eltern. Die haben dich ja nur aus einem Heim geholt" – dies ist keine seltene Form der ersten Konfrontation des Kindes mit seiner Herkunft. Und diese Information – oft im Streit gesagt – erfolgt im Sandkasten ebenso wie im Kindergarten oder auf dem Schulhof. Kinder hören ihren Eltern bei Tisch zu. Und je geheimnisvoller eine Adoption vor sich ging, je weniger die Nachbarschaft weiß, um so diffuser werden die Gespräche im Familienkreis Unbeteiligter, um so wilder wuchern die Vermutungen – und um so negativer sind dann die Sandkastenreaktionen der halbinformierten Nachbarskinder.

Daß Nachbarn „nichts merken", ist in jedem Sozialgebilde – ob Mietshaus in der Großstadt, ob Einfamilienhaus am Stadtrand oder im Dorf – eine Illusion. Kinder zu bekommen und Kinder zu haben, bringt Anteilnahme mit sich. Ein Ehepaar, das urplötzlich mit einem vierteljährigen Kind gesehen wird, ohne vorausgegangene Schwangerschaft, ohne sichtbare Vorbereitungen, ohne Neugeborenen-Erscheinungsbild, bietet erfahrungsgemäß Nahrung für umfangreichen Klatsch.

Viele Adoptiveltern haben Formen gefunden und ausprobiert, die ihnen und später dem Kind das gemeinsame normale Hereinwachsen in das nachbarschaftliche Sozialwesen erleichtert haben: Anzeigen, aus dessen Text die Tatsache der Annahme deutlich

14

wurde, sind eine gute Möglichkeit, wenn die Zeit zu Gesprächen nicht ausreicht oder die räumliche Entfernung diese nicht zuläßt.

Mir liegt eine ganze Sammlung solcher Anzeigen vor: professionell gedruckte und handgeschriebene, mit und ohne Fotos, mit mehr oder weniger Informationen.

Anzeigenbeispiele:

> *Unser Wunschkind ist da!*
> *Claudia, geb. am 8. 8. 1997*
> *gehört seit dem 2. 1. 1998*
> *zu unserer Familie.*

> *Am 13. 4. konnten wir Ulrich zu uns holen.*
> *Er wurde am 1. 4. geboren, wiegt 3650 Gramm,*
> *ist 52 cm lang und hat viele schwarze Haare.*
> *Wir hoffen, ihn bald adoptieren zu können.*

> *Wir haben ein Kind adoptiert:*
> *Anne-Kathrin – seit Mai 1998 unsere Tochter!*
> *In dankbarer Freude ...*

Auf eine derartige Anzeige kann jeder Angeschriebene offen reagieren: beglückwünschen, darüber sprechen, Fragen stellen. Hier ist alles offen, klar, selbstverständlich. Nachbarn und Freunde können Stellung beziehen – es bleibt nichts im Halbdunkel, nichts bleibt für Vermutungen und Spekulationen!

Auch hier gilt: Je selbstverständlicher eine Adoption von den Eltern erlebt wird, desto selbstverständlicher können sie darüber sprechen. Je natürlicher die Aufnahme eines „fremden" Kindes empfunden wird, desto natürlicher können sie sich verhalten, und desto natürlicher, offener, freier wird auch die Umwelt reagieren.

Wenn Adoption wirklich etwas Selbstverständliches sein soll, muß über diese Form Kinder zu bekommen, ebenso offen gesprochen werden können, wie es zwischen Schwangeren und jungen Müttern und Vätern seit langem üblich ist. In undurchsichtige Verhältnisse geheimnist die Umwelt zuviel hinein, die Gespräche werden hinter vorgehaltener Hand und verschlossenen Türen geführt. Und die Folge sind Mißtrauen und Geschwätz.

Adoptiveltern müssen sich von Anfang an darüber klar sein, daß die Kinder nicht ihre leiblichen Kinder sind. Solange diese Tatsache für sie nichts Diskriminierendes hat, sondern eine übliche, akzeptable und natürliche Form der Familienerweiterung ist, werden sie darüber auch sprechen können: dort wo es nötig ist – für die eigene Familie und im Interesse der Kinder.

Im Vorschulalter:
die eigene persönliche Geschichte

Vorschulkinder hören gerne Geschichten – am liebsten solche, in denen sie selbst vorkommen.

Und was habe ich dann gemacht?

Und was hast du dann gesagt?

Habt ihr euch da über mich gefreut?

Hast du das damals auch dem Papa erzählt?

Und was hat er dann dazu gesagt?

Und was ist dann passiert?

Es kann gar nicht ausführlich genug sein – immer und immer wieder – und immer wieder mit kleinen Verzierungen geschmückt, die aber stets die gleichen sein müssen! Wehe dem Elternteil, der mal die geringste Kleinigkeit vergißt oder verändert. Da wird aus dem ruhigen, entzückten Zuhörer gleich der große Gerechte, der mit Schwert und empörtem Aufschrei dazwischengeht. Darin unterscheiden sich Kinder in diesem Alter alle nicht – egal, welcher Herkunft.

Dieses Wissen und diese Erfahrung nutzen viele Adoptiveltern. Sie erzählen dem Kind seine ganz persönliche Geschichte, die natürlich genauso einmalig ist, wie sie vom Kind erwartet wird. (Und letztlich ist sie das ja auch.)

Ein Kind selbst zu bekommen oder eines aus einer Klinik oder einem Heim abzuholen, ist tausendfacher Alltag. Für die Betreffenden jedoch ist es eine der denkwürdigsten und einmaligsten Stunden in ihrem Leben. Und an diesen Stunden sollte ein jedes Kind später teilhaben dürfen: durch Gespräch, Fotos, vielleicht einen kleinen Amateurfilm. Hier liegen seine eigentlichen – für dieses Alter erfaßbaren – Wurzeln, die es kennen möchte bis in alle Einzelheiten.

Einige dieser kleinen persönlichen Geschichten werde ich mit Erlaubnis der jeweiligen Adoptiveltern unter Wahrung der Anonymität im folgenden beispielhaft wiedergeben.

Schon mit 8 Tagen geflogen

Das Ehepaar N. hat seinen Sohn Malte durch das Münchener Jugendamt vermittelt bekommen. Dort – wie bei vielen anderen Jugendämtern – waren sie „gemeldet", hatten sich auch persönlich vorgestellt und bekamen eines Tages einen Anruf, ob sie ein Neugeborenes wollten: Junge, 4 Tage alt, gesund, Mutter scheint fest entschlossen ...

Herr N., den dieser Anruf in seiner Dienststelle erreichte, „kriegte fast einen Herzschlag vor Glück", wie er immer wieder erzählt. Er sagte sofort „ja" und mußte erst von der Vermittlerin in München daran erinnert werden, daß die zukünftige Mutter doch auf alle Fälle auch gefragt sein sollte. Eine hektische Betriebsamkeit setzte ein, vom ersten Kind war noch alles wohlverpackt vorhanden, mußte nur noch ausgepackt, gewaschen, eingeräumt werden. Das einzige Problem sah Frau N. darin, daß sich München mitsamt dem neuen Familienmitglied in 800 km Entfernung befand. Über die Autobahn? Mit dem Zug? Das schien alles zu belastend für so ein winziges Baby – und so entschloß sich Herr N., seinen Sohn per Flugzeug abzuholen, während die Mutter zu Hause alles richtete. Ebenso stolz wie erschöpft kam Herr N. am Abend des 8. Lebenstages von Malte wieder zu Hause an. Der „große Bahnhof" war beiden sicher.

Diese Geschichte erzählte Frau N. Malte, als dieser knapp 3 Jahre alt war. Er wollte sie immer und immer wieder hören. Zur Verblüffung der Eltern hat ihn in den darauffolgenden 2 Jahren zu „seiner" Geschichte nichts anderes interessiert als das Flugzeug, mit dem er geflogen war. Erzählungen, Fotos, Bilder von Flugzeugtypen standen ab diesem Datum im Mittelpunkt seines Interesses, und das Schönste war (und ist es noch heute!), wenn der Vater seinen Sohn einlädt, den großen Flughafen zu besuchen, auf dem sie beide damals gelandet sind.

„Alles andere", erzählt Frau N., „ist bislang für Malte von sehr geringem Interesse. Mutter, Freigabe, Begründung – alles nicht so wichtig gegen die Tatsache, daß er im Alter von 8 Tagen schon geflogen ist. Alles andere nimmt er mit Gelassenheit hin, und wir warten in Ruhe ab – das Grundlegende weiß er, und das ist für uns wichtig."

Vom ersten Sehen bis zum Auspacken aus der Tragetasche

Eine Adoptivmutter berichtet: „Wir haben unseren Sohn schon mit 10 Tagen bekommen und konnten von daher ein Fotoalbum und ein Tagebuch über seine Entwicklungsschritte anlegen, wie wir es auch bei unserem leiblichen, 4 Jahre älteren Sohn gemacht haben. Diese Bücher sind bei den Kindern sehr beliebt und geben einen Eindruck von den beiden Möglichkeiten, die es gibt, ein Kind zu bekommen.

Das Nachhauseholen unseres Adoptivsohnes vom ersten Sehen an der Scheibe der Kinderabteilung bis zum Auspacken aus der Tragetasche, das erste Kennenlernen der allerersten Stunden habe ich im Tagebuch in der Anredeform „Du" genau beschrieben. Viele Stunden des Erzählens und Vorlesens in körperlicher und gefühlsmäßiger Nähe haben unseren Sohn mit der Tatsache vertraut gemacht, daß er adoptiert ist. Für ihn ist das in den ersten 4–6 Jahren hauptsächlich etwas Schönes gewesen, das er auch recht unbefangen weitererzählt hat, wenn die unterschiedliche Augenfarbe der Kinder oder andere äußerliche Merkmale von Außenstehenden angesprochen wurden.

Jetzt ist er schon 8 Jahre alt und macht sich ab und zu Gedanken darüber, warum er weggegeben worden ist. Das erzählen wir ihm (Mutter war noch Schülerin und finanziell abhängig von den eigenen Eltern) aber so, daß die leibliche Mutter wegen des Abgebens nicht abgewertet wird. Eine unkluge Bemerkung einer Bekannten, die leibliche Mutter hätte unseren Sohn wohl nicht liebgehabt, haben wir entschieden zurückgewiesen, und daraus ist auch kein weiteres Problem entstanden. Unser Sohn beschäftigt sich manchmal damit, warum er nicht aus meinem Bauch kommen konnte.

‚Das wäre ich so gerne‘, sagt er. Ich antworte darauf, daß ich es auch schön gefunden hätte, aber daß ja dann ein ganz anderes Kind gekommen wäre, und ich wollte doch schon immer einen kleinen Jungen mit braunen Augen und braunen Haaren haben, so wie er es hat. Diese Äußerung ist nicht erfunden, sondern entstammt einer Phantasie während der Schwangerschaft mit unserem 1. Kind. Da wir unseren 2. Sohn nicht „ausgesucht" haben, sondern der Zufall es wollte, daß diese Phantasie sich erfüllte, erzähle ich gerne davon. Ich habe auch den Eindruck, daß ihm dies hilft."

Wer war in wessen Bauch?

Das Ehepaar B. hat ein leibliches und ein adoptiertes Kind. Die beiden Mädchen (5 und 6 Jahre alt) interessieren sich besonders dafür, wer in wessen Bauch war. Frau B. schreibt:
„So erzählen wir unseren Töchtern sehr häufig folgende Geschichte:
‚Als Mama und Papa geheiratet haben, wünschten sie sich sehnsüchtig ein Baby, aber nichts tat sich. Sie beteten immer wieder zum lieben Gott, und siehe da, nach einiger Zeit wurde Mama immer dicker. Was meint ihr wohl, was da los war? Ob die Mama zu viel gegessen hatte? Nein – es war Sabine! Dann war Sabine geboren und wurde immer größer, und als sie 1 ½ Jahre alt war, sagte sie (und nun etwas geflunkert – soweit war ihr Wortschatz ja noch nicht), daß sie unbedingt ein kleines Schwesterchen haben wollte. Na, und da tat sich wieder nichts bei der Mama. Und wißt ihr, wie sich unser Wunsch dann erfüllte? Es rief jemand vom Jugendamt an, und wir gingen in ein Kinderheim und holten mit Sabine gemeinsam das süßeste und liebste Mädchen dort ab – und so bekamen wir wieder ein Baby.
Für uns ergaben sich bisher keine Probleme, da beide Kinder die Geschichte lieben und wir sie von klein auf immer mal wieder auf Nachfrage erzählt haben. Stefani fühlt sich jedesmal mächtig gebauchpinselt dabei. Die wichtige Frage, die vor kurzem beim Mittagessen auftauchte: ‚Ich war bei der Mama im Bauch, und wo war

Stefani?', wurde von uns wahrheitsgemäß beantwortet: ‚Stefani war im Bauch einer ganz jungen Frau, die noch zur Schule gehen mußte und deshalb keine Zeit hatte, sich um ihr Baby zu kümmern.' Da sagte sie: ‚Stefani soll es mal besser haben und in einer richtigen Familie aufwachsen, wo auch ein Papa ist und wo beide Eltern Zeit für das Baby haben.'

Bisher hat diese Begründung ausgereicht, zumal dieses Thema meist bei Tisch auftaucht und beide Kinder sehr viel vom Essen halten, dem sie sich dann immer sehr schnell wieder zuwenden.

Da unsere leibliche Tochter als die Ältere doch etwas mehr nachhakt, erklären wir wiederholt, daß es völlig egal ist, in welchem Bauch man war. Die Hauptsache sei, wo man aufwächst."

Parallelen zur Sexualerziehung

„Es ist auch ganz deutlich, daß die Art und Weise, wie die Eltern dem Kind von der Adoption erzählen, im allgemeinen die ihnen zugrundeliegende Einstellung zur Kindererziehung widerspiegelt. Viele, die auf dem Gebiet der Adoption arbeiten, haben Gespräche zwischen Eltern und Kindern über Adoption mit Gesprächen über Sexualität verglichen. Solche Gespräche fallen vielen nicht leicht, gehören aber zu den wichtigsten elterlichen Pflichten.“

(Sorosky, 1982, S. 77)

In der Generation unserer Eltern nahm eines schönen Tages der peinlich berührte Vater auf Drängen der Mutter seinen ebenso peinlich berührten, meist jedoch gar nicht mehr so unwissenden Sohn im Alter von 15 oder 18 Jahren mit ins stille Kämmerlein – zu einem ersten und meist auch einzigen „Gespräch unter Männern“. Das Mädchen wurde frühestens bei Auftreten der ersten Regelblutung von der Mutter darüber unterrichtet, das werde nun 40 Jahre lang so sein und es müsse nun auch „aufpassen“. Manche Eltern warteten mit diesen Eröffnungen allerdings bis zum Abend vor der Hochzeit.

Das war „Aufklärung früher“ – punktuell, einmalig und der Bedeutung der Thematik im Lebenszusammenhang völlig unangemessen.

In der folgenden Generation setzte sich das Wissen durch, daß wohl etwas mehr an Informationen vonnöten sei – aber die Schwierigkeiten, dieses Tabu-Thema mit seinen Kindern dann auch wirklich anzugehen, waren doch oft noch größer als die Einsicht, daß eine „Aufklärung“ nicht genügt, sondern daß es einer in die Gesamterziehung eingebetteten „Sexualerziehung“ bedarf.

Erst Ende der 60er Jahre kamen aus den skandinavischen Ländern Handreichungen für Eltern und Jugendliche zu diesem Thema, die sich sehr ausführlich mit der ganzen Bandbreite der Thematik befaßten (z.B.: Claesson: Sexualinformation für Jugendliche, 1968; Jacobi: Samspel, 1968). Allerdings ließen sie die *kindliche* Sexualerziehung außer acht und wandten sich an junge Menschen ab etwa 12 Jahren.

Erst im Laufe längerer Diskussionen, in denen auch der schulische Sexualkundeunterricht eine erhebliche Rolle spielte, kristallisierten sich allgemeinverbindliche Methoden und Ziele heraus:

- Bejahung der eigenen Identität, des eigenen Geschlechts; Voraussetzung: emotionale Annahme des Kindes als Junge oder Mädchen durch Eltern und Erzieher;
- Informationen – Vermittlung sachlichen Wissens über alle Fragen des menschlichen Werdens;
- durch Bejahung und Information Bildung von Urteilsfähigkeit zur Übernahme von Verantwortung.

Für die Schule sollte Sexualerziehung kein Unterrichts*fach*, sondern ein Unterrichts*prinzip* sein, für das Elternhaus entsprechend keine zeitlich abgesteckte Informationseinheit, sondern Erziehungsprinzip.

In diesem geschichtlichen Abriß und in den Prinzipien der Sexualerziehung zeigen sich deutlich die Parallelen zur „Aufklärung" des Adoptivkindes über seinen Status – oder besser: seine Erziehung unter dem Aspekt des Adoptiert-worden-Seins.

Während es früher durchaus üblich war, dem „Kind" von seiner anderen als der vermuteten Abstammung erst kurz vor der Hochzeit zu berichten (weil es durch die benötigten Unterlagen ohnehin die Informationen erhalten hätte!), besteht heute kaum noch ein Zweifel daran, daß diese aufklärenden Gespräche so früh wie möglich geführt werden müssen. Aber auch hier – wie in den Anfangszeiten der Sexualpädagogik – herrscht bei vielen Betroffenen große Unsicherheit über das Wie und Wann.

Einigkeit besteht auch darüber, daß das Gespräch mit dem Kind über seine Abstammung und die Aufnahme in seine spätere Familie keine einmalige, herausragende und somit nicht selten schokkierende Angelegenheit sein darf. Die Informationen an das Kind bedürfen einer warmen, bergenden Familienatmosphäre, in der das „fremde", „angenommene" Kind als eine Selbstverständlichkeit betrachtet wird, in der es ebenso geliebt und geachtet erzogen wird wie ein erwünschtes leibliches Kind.

Die grundsätzliche Bejahung als adoptiertes Kind, das nicht nur „Ersatz" für nicht vorhandene leibliche Kinder ist, entspricht der Bejahung des Geschlechts des Kindes. Die notwendigen sachlichen Informationen können auf dieser Ebene dem Kind ebenso selbstverständlich vermittelt werden wie die biologischen Tatsachen der Zeugung und Geburt: altersentsprechend und an seinem Wissensstand orientiert, der sich in der Regel durch spontane Fragen zeigt.

Beantworten die Eltern prinzipiell *alle* Fragen des Kindes dann wahrheitsgemäß, wenn sie gestellt werden – gleichgültig, ob sie in den Bereich der allgemeinen Erziehung, der Sexualerziehung oder der „Adoptionserziehung" gehören –, kann es kaum zu einer Über- oder Unterforderung oder zu einer Uninformiertheit des Kindes kommen.

Stellen die Kinder aber tatsächlich keine Fragen – egal, zu welchem Thema –, sollte schnell herausgefunden werden, wodurch sie daran gehindert werden, wer oder was sie hemmt oder gehemmt hat. Die „Schuld" liegt dann oft nicht bei den Eltern, sondern bei den vielen „Miterziehern" in Sandkasten, Kindergarten, Nachbarschaft (vgl. das Kapitel „Es gibt viele Anlässe"). Das Gespräch muß in einem solchen Fall dann von den Eltern vorsichtig inszeniert, „gesucht" werden, da sich sonst im Laufe der Zeit durch Fehlinformationen von außen oder durch angstbesetzte, sich verselbständigende Phantasien weitere Hemmnisse aufbauen, die immer weniger zu durchbrechen sind.

Eine weitere Parallele zur Sexualerziehung ist in den *inhaltlichen* Informationen zu finden: Beide Themen informieren von Anbeginn über die Entstehung des Lebens („Wer war in wessen Bauch?"). Sie behandeln das Miteinanderleben von Menschen und deren gemeinsame Verantwortung für einander ebenso wie die Probleme, die Menschen (hier Mann und Frau) miteinander haben können und die sich oft nur durch Hilfen von außen lösen lassen.

Insofern sind beide Themenbereiche nicht voneinander zu trennen. Positiv ausgedrückt kann man sagen: *Die „Aufklärung" des*

Adoptivkindes kann sich inhaltlich und zeitlich an der Sexualer-
ziehung orientieren und beides miteinander sinnvoll verknüpfen.
Für viele Adoptiveltern mag sich nach diesen Überlegungen die
Frage ergeben, ob es denn eine besondere, gesonderte Erziehung
des Adoptivkindes geben sollte – ja überhaupt geben darf. Sie sollen und wollen ihr Kind wie ein „eigenes" lieben und erziehen –
sie wollten es von Anbeginn als ihr „eigenes": Warum also eine
Sonderstellung?
Adoptivkinder *sind* „besondere" Kinder: Sie sind keine leiblichen
Kinder, und sie haben einen anderen Status – selbst wenn sie nach
dem Adoptionsgesetz von 1977 den leiblichen Kindern juristisch
gleichgestellt sind. Sie haben – wenn sie nicht gleich nach der Geburt zu ihren zukünftigen Adoptiveltern gekommen sind – teilweise bereits wechselvolle Schicksale hinter sich: leibliche Eltern.
Pflegestellenaufenthalte, Kinderheime, Versorgung durch wech-
selnde Verwandte usw. Sie sind bereits in bestimmter Weise geprägt. Ihrer Vorgeschichte muß während der ganzen Erziehungs-
jahre mehr oder weniger bewußt Rechnung getragen werden (vgl.
dazu zahlreiche Veröffentlichungen zum Thema „Adoption älte-
rer Kinder" und „Adoption ausländischer Kinder").
Außerdem – und das ist wohl das wesentliche Unterscheidungs-
merkmal – muß mit ihnen über ihre Herkunftsfamilie gesprochen werden, über das „Verlassen-worden-Sein", das „Abgegeben-
worden-Sein", die Hintergründe für diesen weitreichenden
Schritt. Enttäuschung und Verlassenheitsängste, Gefühle der
Minderwertigkeit und des Nicht-geliebt-worden-Seins, Gefühle
der Boden- und Wurzellosigkeit, Vertrauenskrisen und extreme
Eifersuchts- und Konkurrenzszenen den leiblichen Kindern der
Adoptiveltern gegenüber treten dann bei den Kindern auf, wenn
sie bei den Adoptiveltern keinen Halt in Form von Akzeptanz und
Information (beide hängen eng miteinander zusammen) finden.
All dies bedarf der Aufarbeitung und der beständigen Mithilfe
durch die Eltern. An ihnen liegt es, wieweit sie in all diesen Fragen etwas Besonderes, Erschwerendes, Abweichendes, Belasten-
des sehen oder wieweit sie in der Lage sind, diese Krisen als zum
Leben dazugehörig zu empfinden und entsprechend mit Ruhe
und Gelassenheit zu reagieren. Kinder erleben sich und ihr indi-

viduelles Schicksal als so „besonders" oder „selbstverständlich",
wie es ihnen durch ihre personelle Umwelt signalisiert wird.

Wenn die 5jährige Kathrin sagt: „Wir kriegen unsere Kinder nicht
selber, wir holen sie uns immer aus dem Heim", dann wird deutlich, daß hier durch die Eltern eine Gleichwertigkeit vermittelt
worden ist. Dem Kind erscheint diese Besonderheit allenfalls als
ein mögliches Spektrum des sozialen Daseins, nicht jedoch als ein
Herausfallen aus den sozialen Erfordernissen, denen sich Eltern
und Kinder beugen müssen.

Die „Aufklärung" des Adoptivkindes ist ein langer Prozeß, ist ein
lebenslanges Gespräch: Vom 3jährigen, der wissen will, in wessen
Bauch er gewesen ist, bis zum 30jährigen, der bei der Planung
einer eigenen Familie seine Rolle als ehemaliges Adoptivkind re-
flektiert, ist das Thema nie abgeschlossen. Es berührt Grundlagen
des eigenen Seins und hat maßgeblichen Anteil am Finden der eigenen Identität, des eigenen Ichs.

Es gibt viele Anlässe

Für den Beginn der „Aufklärung" des Kindes über seinen Adoptionsstatus gilt grundsätzlich: je früher, desto besser, und je später, um so schwieriger. Jedes Verzögern und Hinausschieben des notwendigen Gesprächsbeginns kann zur Folge haben, daß andere schneller sind: Das Kind erfährt von seiner Adoption in der Sandkiste, durch die Kindergartentante, die schusselige Nachbarin oder die unbedachte Großmutter.

Auch wenn das Kind diese Nachricht oft noch nicht in allen Konsequenzen erfaßt, ist doch zunächst einmal das Vertrauen angekratzt. Kann das Kind wenigstens gleich beim Nachhausekommen danach fragen und erfährt die Bestätigung, können schlimmere Folgen noch aufgefangen werden. Hat das Kind jedoch das Gefühl, die Eltern mit diesem „Geheimnis" nicht beunruhigen zu dürfen – vielleicht weil ihm gleichzeitig gesagt wurde: „Du darfst aber nicht darüber sprechen!" oder weil es schon lange hinter dem Getuschel und der Geheimnistuerei der Eltern etwas ahnte –, dann kann hier der Ausgangspunkt zu einer Fehlentwicklung gelegt sein, die später nur sehr schwer oder gar nicht aufzufangen ist. Dies ist vor allem dann der Fall, wenn die Ursache nicht erkannt wird.

Die amerikanische Adoptionsforscher Sorosky, Baran und Pannor sind bei ihren Befragungen von Adoptierten auf zahllose Aussagen gestoßen, die deutlich machen, wie problematisch sich fehlende Offenheit der Eltern auf das Kind auswirken kann:

Beispiel:
  „Mary erfuhr mit 8 Jahren zum erstenmal von ihrer Adoption, als ein Vetter, der auch adoptiert war, sie während eines Spiels

verspottete und sagte: ‚Du bist auch nicht besser als wir, du bist auch adoptiert.' Sie war schockiert, rannte nach Hause und rief nach ihrer Mutter. ‚Meine Mutter sah mich an und wollte wissen, was los sei. Ich fragte sie, ob es stimme, daß ich adoptiert sei. Sie fing an zu weinen und sagte, ja, ich wollte nicht, daß du es weißt.'''

Beispiel:

„Nancy hörte zufällig von einem anderen Kind in ihrer Schule, daß sie adoptiert sei. Sie erinnert sich daran, daß das Kind sie ärgerte, und sagte: ‚Ich weiß etwas über dich: Du gehörst nicht zu der Familie Johns, du bist adoptiert.' ‚Ich habe mich von dieser traumatischen Enthüllung nie ganz erholt, aber endlich verstand ich meine eigenen Gefühle etwas besser, mein Unglücklichsein und das Gefühl, daß ich nirgendwo dazugehörte.'''
(Sorosky 1982, S. 78)

Eltern, die sich ein offenes, auf Vertrauen und Ehrlichkeit basierendes Verhältnis zu ihren Kindern wünschen (und das sind wohl alle!), werden diese Offenheit und Ehrlichkeit selbst erbringen müssen – nicht nur in all den kleinen Fragen des Alltags, sondern insbesondere bei diesem existentiellen Thema der Familienentstehung.

Ein kleines Kind im Alter von 2–3 Jahren hat noch keine Vorstellung von dem, was außerhalb seiner Sphäre geschieht. Es erlebt sie und seine Umwelt als Einheit: sein Wissen über Menschwerdung, Geburt, über Mutter-Werden und Kind-Sein ist null. Alles ist noch Empfindung und Gefühl. Mutter ist Mutter – für das Kind in diesem Alter gibt es noch keine Begriffe wie „biologisch" oder „sozial". Es kennt und liebt seine Mama, seinen Papa, seine Geschwister …

Warum sollte man diese Harmonie, dieses Eins-Sein dann stören, wird mancher fragen. Man stört sie nicht! Für das Kind in diesem Alter sind Begriffe wie „richtige Mutter" oder „Adoptivmutter" so abstrakt, daß es sie weder verstehen noch einordnen oder bewerten kann. Aber es hat sie schon einmal gehört, wenn sie in einem anderen Zusammenhang später auftauchen. Man sollte diese

Begriffe also durchaus bei einem kleinen Kind bereits verwenden.

Es gibt Eltern, die wohl wissen und akzeptieren, daß diese Gespräche notwendig sind, und auf Fragen des Kindes nach seinem Adoptiertsein warten. Diese Fragen aber kommen nicht. Die Eltern sind beunruhigt, wissen sie doch, daß die Zeit eigentlich da ist. Die Begriffe „Adoption" und „Angenommensein" werden vom Kind nicht ins Gespräch gebracht werden – es sei denn, daß es von dritter Seite schon etwas gehört hat und diese Worte kennt.

Für das 3jährige ist seine Familie *so* richtig, wie sie ist, wie es sie kennt. Es kennt keine Vergleiche, es kennt keine Normen, es kennt insbesondere nicht die Wertungen der Erwachsenenwelt: richtige Familie, vollständige Familie, biologische Familie, Halbfamilie, Pflege, Adoption, Abgabe, Annahme, ehelich, nichtehelich, scheinehelich ...

Das Kind *ist*, seine Familie *ist*, und so ist es gut. (Hätten wir in unserer Familienideologie mehr Offenheit und mehr Toleranz und würden wir als „richtige Familie" nicht nur die biologische und vollständige Vater-Mutter-Kind-Familie, sondern die vielfältigen Formen des Zusammenlebens von Menschen als Familie anerkennen, gäbe es auch kaum diese Verrenkungen und Überlegungen und Rechtfertigungen, die unsere „anderen" Familien zeitlebens begleiten!)

Informationen nimmt das Kind so auf, wie sie kommen – in aller Unwissenheit und Unschuld. Die Welt mit allem Neuen ist noch offen – und alles ist völlig wertfrei. Die Wertungen setzen erst die Erwachsenen. Sie sagen dem Kind, was gut und böse, was richtig und falsch, was normal und was nicht erwünscht ist. Erst so erfährt das Kind auch, was eine „richtige" Familie oder eben eine „nicht richtige" Familie ist.

Der „Einstieg", die „Eröffnung" jeglicher Aufklärung, kann sehr unterschiedlich sein – Anlässe gibt es viele. Als geradezu klassisch kann man die Frage des Kindes bezeichnen, ob es auch im Bauch seiner Mutter war. Auslöser dafür ist oft eine vom Kind beobachtete Schwangere, zu der die Mutter die entsprechenden Informationen gibt. Daß da im Bauch einer Frau ein Baby sein soll, hat für ein Kind etwas äußerst Faszinierendes, und es will wissen, ob es bei seiner Mutter auch im Bauch war. Im Grunde will es wissen, ob es auch in so einem Bauch gewesen ist – und die grundsätzliche Bejahung der Mutter reicht dem Kind. Das Hinzufügen, daß es aber der Bauch einer anderen Frau war, löst bei keinem 3- oder 4jährigen negative Reaktionen aus. Es nimmt diese Nachricht als Faktum auf – so ist es eben! Die Bewertung erfährt es dann erst von außen.

Problematisch kann diese Situation werden (und das gilt in den kommenden Jahren für alle Gespräche über Adoption), wenn das Kind sieht oder hört oder emotionell empfindet, daß die Mutter sich mit der Antwort quält, daß sie rot wird, stottert, ablenkt, daß sie erschrickt, plötzlich flüstert, nervös wird. Dann bekommt diese Kommunikation plötzlich etwas Unnatürliches, Aufregendes, Angsterregendes. Die „Ausnahme", die (negative?) Wertung, kommt erstmals unausgesprochen in die Interaktion.

Christa Hoffmann-Riem zitiert eine Adoptivmutter, die sich im vorhinein Gedanken über die Eröffnung der aufklärenden Gespräche macht. Dieses Beispiel scheint stellvertretend für viele gelten zu können: „Manchmal bin ich schon ein bißchen beunruhigt, wie das wohl wird. Und hoffentlich bleib' ich natürlich und zeige keine Angst und so. Man verkrampft sich im Grunde schon im voraus." (Hoffmann-Riem, 1984, S. 225)

Die Anspannung, die diese Mutter schon im vorhinein verspürt, wird sich mit Sicherheit dem Kind mitteilen. Sie hat Angst vor der Aktion des Kindes, vor der eigenen Reaktion und letztlich Angst vor der Angst. Wenn dieses Kind dann erwartungsgemäß eines Tages Fragen stellt, wird es vermutlich eine erschreckte, verspannte Mutter erleben, die nicht gerade das Gefühl vermittelt, als sei die Annahme eines fremden Kindes etwas ganz und gar Natürliches und Selbstverständliches. „Natürlichkeit" kann man nicht üben – aber man kann im voraus und während der gesamten Aufwuchszeit eines Kindes – die begleitet wird von Fragen und Antworten nach Herkunft und Eltern – den Kontakt zu anderen Adoptiveltern suchen: sich mit ihnen austauschen, feststellen, daß es anderen nicht besser geht – und somit etwas mehr Gelassenheit für alle diese Thematisierungen bekommen. Dazu gehören auch Überlegungen und Gespräche über die Verarbeitung der eigenen Kinderlosigkeit. Was bedeutet sie für die Eltern? Was hätte ein leibliches Kind für den einzelnen Partner und für die Ehe bedeutet? Wieweit mußte man sich „abfinden"? Wieweit ist das Adoptivkind „nur" Ersatzkind oder aber vollwertiger Mensch, der – ebenso wie ein eigenes – auf die Liebe und Geborgenheit und Erziehung durch Erwachsene angewiesen ist?

Auf dieser Ebene basiert die Einstellung zum Kind, zu seinen leiblichen Eltern, zur ganzen „Maßnahme Adoption". Gleichzeitig ist sie die Grundlage für eine sachlich liebevolle oder erregt angespannte Aufklärung.

Das Kind, das nun gehört hat, daß es von einer anderen Frau geboren worden ist, wird irgendwann weiter fragen – oder auch nicht. Es wird noch einmal nach Tagen oder Wochen darauf zurückkommen, nachhaken, dieselben Fragen stellen oder Dinge fragen, die im ersten Moment scheinbar nichts mit der Adoption zu tun haben.

Alle Fragen in der Erziehung des Kindes *wahrheitsgemäß* zu beantworten, sollte selbstverständlich sein. Müssen sie aus der Situation heraus aufgeschoben werden (die Suppe läuft über, das Baby schreit, der Vater am Steuer muß auf den Straßenverkehr achtgeben ...), sollten die Eltern von sich aus die ausstehende Antwort nachliefern. So kann sich – fortlaufend über Jahre – das Gespräch zwischen Kindern und Eltern entwickeln, dem Bedürfnis des Kindes angepaßt, das sein Interesse und seine Aufnahmebereitschaft durch seine Fragen kundtut.

Was aber, wenn das Kind nicht fragt ...?

„Michael fragt ja nie!"

Bei einer Freundin bin ich zur Besichtigung der neuen Wohnung eingeladen. Während wir Kaffee trinken, spielen unsere beiden gleichaltrigen Söhne neben uns im Wohnzimmer auf dem Teppich. Mein Sohn wäre lieber in das Spielzimmer des anderen Kindes gegangen, aber Michael will nicht. Er will dabeisein, wenn Besuch da ist. Seine Mutter hatte schon öfter geklagt, daß ihr 6jähriger Sohn (im Alter von 1 Jahr adoptiert) nie fragen würde. Sie wüßte sich keinen Rat, es würde doch nun langsam Zeit – wenn er nun von draußen seine Informationen bekäme...?

An diesem Nachmittag finde ich die Lösung. Frau G. erzählt allerlei aus ihrem Familienleben, u. a. fließen immer wieder kurze Bemerkungen, Halbsätze und Andeutungen über Michael ein – so, daß man kaum sagen könnte, das Gespräch drehte sich um den Jungen und seine Adoption. Die Unterschiede zu dem leiblichen Kind kommen zur Sprache, die Vererbung, die unterschiedliche Begabung, daß Michael musisch sehr ansprechbar sei – man weiß ja leider von der Mutter zu wenig, aber vielleicht „kommt es von da her"...

Unser Kaffeegespräch wird immer wieder lautstark durch meinen Sohn unterbrochen, der Michael auffordert, doch endlich mitzumachen, aufzupassen und die Lok rüberzureichen. „Du spielst ja überhaupt nicht richtig mit", beschwert er sich dann – und hat recht! Michael schiebt Klötze und Häuser hin und her, mit riesengroßen Ohren hängt er aber am Erzählen der Mutter. Mir wird klar: Dieses Kind braucht nichts zu fragen. Es braucht nur den Gesprächen der Erwachsenen zuzuhören und erfährt auf diese Weise alles – vielleicht sogar mehr, als er in seinem Alter eigentlich wissen sollte.

Am Abend, als unsere Kinder bereits im Bett sind, telefoniere ich mit Frau G. und schildere ihr meine Beobachtungen und meine Deutung. Sie ist völlig überrascht. Als wir unser Gespräch gemeinsam rekapitulieren, versteht sie, was ich meine. Sie sei „so voll" von diesen Fragen rund um die Adoption, zumal sie sich dem angenommenen Kind gegenüber in ganz anderer Weise verantwortlich fühle, daß sie wohl unbewußt in alle möglichen Gespräche davon etwas einfließen läßt. In einem ruhigen Gespräch will sie so schnell wie möglich mit Michael sprechen – keine Kommunikation und Information mehr über Dritte, sondern die direkte An- und Aussprache.

„Wir warten immer, aber da kommt ja nichts!"

Ehepaar B. wartet seit Jahren, daß ihr 5½jähriger Adoptivsohn Kai
endlich einmal Fragen stellt. „Irgendwann" haben sie ihm gesagt,
daß er von einer anderen Mutter kommt, und seitdem ist dieses
Thema nicht mehr berührt worden.
Die Eltern haben eigens Tagebücher und Fotoalben für jedes der
Kinder (ein leibliches, ein adoptiertes) angelegt. So beginnt das Album von Kai mit einer Außenansicht des Säuglingsheims, in dem
er die ersten Wochen seines Lebens verbracht hat. Immer öfter
legt Frau B. die Alben „wie zufällig" auf den Tisch, wenn die Kinder nachmittags zu Hause sind. Dann wartet sie. „Und wenn Kai
dann an den Tisch geht, halte ich schon die Luft an. Ob er
jetzt ...? Einmal ist er vor seinem Album stehengeblieben, hat
mich ganz gedankenverloren angeschaut, hat mit seiner Hand dar-
übergestrichen und hat sich dann wieder seinem Spielzeug zuge-
wandt." Lachend fügt Frau B. dann hinzu: „Und da hab' ich
innerlich richtig aufgeatmet!"
Was in dieser Szene zwischen Mutter und Sohn abgelaufen ist, ist
eine klassische „double bind"-Situation, in der gleichzeitig zwei
verschiedene bzw. sich widersprechende Botschaften an den anderen gegeben werden. Die Mutter fordert durch Hinlegen der Alben den Sohn auf, vom Inhalt Kenntnis zu nehmen und in ein
Gespräch mit ihr einzutreten. Gleichzeitig signalisiert sie dem
Kind durch Blicke, Aufatmen und angespannte Atmosphäre, daß
es bitte bloß nichts fragen möge. Das Kind spürt es, ist ambivalent
und wendet sich schließlich ab – es hat den (mütterlichen!) Konflikt erst mal wieder umschifft!

„Ich habe nie gewagt, was zu sagen!"

Die 15jährige Sabine findet eines Tages beim Wühlen in Vaters
verbotenem Schreibtisch ihre gesamten Adoptionsunterlagen. Sie
„fällt aus allen Wolken", hat nie etwas von der Adoption gehört,
hat auch nie etwas vermutet. Ihre Eltern sind an diesem Abend bei
Freunden. Sabine packt also die Papiere wieder fort, „verwischt

alle Spuren" und tut fortan, als sei nichts gewesen. Über 1 Jahr lang versucht sie, mit diesem Geheimnis allein fertig zu werden, ist abwechselnd depressiv und aggressiv, bemüht sich, „über den Verstand klarzukommen".

„Ich dachte immer: Du mußt ihnen sagen, daß du es weißt. Aber dann hatte ich Angst. Wenn sie gewollt hätten, daß ich davon Kenntnis habe, hätten sie es mir ja sagen können. Aber das wollten sie ja nicht. Ich durfte es gar nicht wissen. Und so habe ich auch nichts gesagt und gefragt. Es hat in mir immer gewühlt und gearbeitet und genagt. Erst als ich dann eine Magenschleimhautentzündung kriegte, habe ich es den Eltern gesagt. Ich hab' sie ja deswegen nicht weniger gern gehabt – aber daß sie kein Vertrauen zu mir hatten, hat mich sehr gequält. Sie haben meine Mitteilung sehr erschrocken aufgenommen. Mein Vater hat geschwiegen, meine Mutter geweint, und ich hab' dann mitgeheult. Seitdem wurde auch nie wieder darüber gesprochen. Dabei wüßte ich so gerne Verschiedenes, aber ich wage nun nicht mehr, noch einmal damit anzufangen. Vielleicht später mal ...!"

Auch Sorosky und seine Kollegen haben viele ähnliche Fälle geschildert bekommen:

„Meine Adoptiveltern machten mir sofort klar, daß jedes Gespräch über meine leiblichen Eltern ihnen sehr weh tun würde, und sie sprachen nie von ihnen."

„Ich war sehr neugierig, was meine leiblichen Eltern anging, aber ich hatte das Gefühl, daß meine Adoptiveltern immer ärgerlich wurden, wenn ich mehr wissen wollte." (Sorosky, 1982, S. 81)

Die Gründe, *warum* Kinder nicht fragen, sind sehr vielfältig. Manchmal wissen sie schon alles, erfahren es ganz nebenbei. Nicht selten wird ihnen von Außeninformanten gleichzeitig Schweigen auferlegt: „Wehe du sagst, daß ich es dir erzählt habe ..." Viele Kinder spüren auch die Angespanntheit ihrer Eltern, wenn sie sich diesem Thema nähern, das Tauschen schneller Blicke bei Tisch, der plötzlich andere Tonfall („Als ob ein Schwerkranker im Zimmer wäre!"), das Ausweichen, Sich-Räuspern, Erblassen ... Auch das Aufschieben „auf später" kann die gleiche Wirkung haben. Wenn die Eltern dann nicht das Thema sehr schnell wieder von sich aus aufgreifen, bleibt es fortgeschoben.

Das Kind erkennt: Hier war die Grenze, ich habe an ein Tabu gestoßen. Daran hält es sich und fragt nie mehr. Natürlich gibt es auch Kinder, deren Bedarf an Informationen über das Thema nicht so ausgeprägt ist. Sie sind mit anderem beschäftigt – die Tagesereignisse sind ihnen im Moment wichtiger, sie messen den Schilderungen ihrer Eltern nicht so große Bedeutung bei. Sie erfragen und erfahren mehr beiläufig, was sie wissen wollen – später werden sie sich weiter informieren.

Um welchen Stand der Diskussion beim Kind es sich handelt, können Eltern nicht immer abschätzen. Deshalb ist es gut, wenn sie sich bietende Anlässe selbst wahrnehmen oder auch herbeiführen. Einige denkbare Anlässe sollen hier aufgeführt werden:

● Geburtstag des Kindes;
● Jahrestag der Aufnahme des Kindes in die Familie (es gibt Familien, in denen dieser „zweite Geburtstag" des Kindes festlich begangen wird!);
● in der näheren Umgebung bekommt jemand ein Kind;
● Freunde adoptieren ein Kind oder nehmen eines in Pflege;
● Fotoalben der Familie oder des Kindes;
● Sortieren der Babywäsche (für Fortgabe, Reinigung usw.);
● Aufräumen von älterem Kinderspielzeug, Rassel, Klapper, Teddys usw.;
● Kontakte und Gespräche mit anderen Adoptiveltern und Adoptivkindern.

Dieses Herbeiführen von Anlässen ist natürlich nur sinnvoll, wenn die Eltern mit den darauffolgenden Reaktionen dann auch umgehen können. Erstarrt die Mutter vor Schreck, wenn das Kind sich dem Album nähert, dann schadet diese Inszenierung mehr, als sie nützt. Haben Eltern Angst vor diesen Gesprächen, dann sollten sie so schnell wie möglich Hilfe in einer Beratungsstelle oder bei ihrer Adoptionsvermittlungsstelle suchen.

Ebensogut – oder sogar besser – ist der Austausch mit anderen Adoptiveltern – jedenfalls dann, wenn alle frei und offen über ihre Probleme sprechen können, ohne als unfähig zurückgewiesen zu werden. Konkrete Beispiele und die Erfahrungen derjenigen, die sich mit dem Thema auch gerade beschäftigen oder die es schon „hinter sich haben", bringen das Problem auf das normale

Maß: Andere überlegen auch, fürchten sich, packen es an, scheitern mal, haben aber auch Erfolge.

Die Hilfe von Kinderbüchern sollte bei alldem nicht unterschätzt werden. Nehmen die Eltern sich Zeit beim Anschauen, Vorlesen und Erzählen, wird jedes Kind nachhaken, nachfragen, mehr wissen wollen. (Am Ende dieses Buches sind einige Titel für verschiedene Altersstufen mit Kurzbeschreibungen angegeben.) Wie alltäglich sich „Anlässe" ergeben und wie sie aufgegriffen werden können, zeigt folgende Schilderung einer Mutter:

„... das nächste Mal ordentlich Auskunft geben"

„Unsere Kinder fanden im „Stern" ein schönes Bild von einer Geburt in einem Bericht über Hebammen. Sie ließen sich dieses Bild genau erklären und schauten es immer wieder an. Achim wollte nun auch genau wissen, wie das Baby in das Kämmerchen im Bauch hereingekommen war, worauf ich ihm genaue Auskunft gab. Martina schien das weniger zu interessieren, sie wollte wissen, was das Baby jetzt zu trinken kriegt und wer es anzieht. Darauf wurde unser alter Kinderwagen im Keller besichtigt, und Martina fragte, ob sie denn da als erste (da sie ja die älteste ist) dringelegen habe. Ich drückte mich vor der Wahrheit und sagte, sie habe in einem anderen gelegen, diesen hätte ich erst bei Achims Geburt gekauft. Martina war zufrieden, aber ich nicht. Ich beschloß, das nächste Mal ordentlich Auskunft zu geben.

Der Anlaß kam bald. Unsere Kinder erinnern sich stets genau, welches Spielzeug ihnen wer geschenkt hat. Martina hatte eine Puppe und ein undefinierbares hunde- oder bärenähnliches Stofftier aus dem Heim mitgebracht und fragte mich einmal, wann ich ihr denn die gekauft hätte. Darauf sagte ich: ‚Gar nicht, du hast sie im Kinderheim geschenkt bekommen, von wem, weiß ich nicht.'

‚Was ist denn ein Kinderheim?'

‚Das ist ein Haus, in dem nur Kinder wohnen, und Tanten und Schwestern passen auf sie auf, sorgen für sie und spielen mit ihnen.'

‚Wann war ich denn da?'

‚Als du ganz klein warst, bis du so alt warst wie Achim jetzt. Dann haben Papa, Andreas, Achim und ich dich zu uns nach Hause geholt.'

‚Warum habt ihr mich denn überhaupt hingebracht?'

‚Das haben wir nicht, das haben ein anderer Mann und die Frau, die dich geboren hat, getan, weil du zu früh auf die Welt kamst und erst im Krankenhaus aufgepaßt werden mußte – und als du dann nach Hause solltest, hatte die Frau keinen Platz für ein Kindchen und keine Zeit, da sie zur Arbeit mußte, und sie gab dich ins Heim, damit du nicht soviel Langeweile alleine hättest und ordentlich zu essen kriegtest. Sie dachte immer, vielleicht hätte sie doch einmal Zeit für dich, aber es ging nicht. Da sind wir zu dir ins Heim gekommen, und weil wir dich gerne mochten, haben wir dich mit zu uns nach Hause genommen.'

‚Und darum bist du meine Mutter?'

‚Ja, immer die Frau, die ein Kind immer bei sich wohnen hat und für es sorgt, ist die Mutter – meist ist es dieselbe Frau, die das Kindchen geboren hat, aber nicht immer.'

Daraufhin ging Martina spielen, sprach nicht mehr davon. Später erst, als meine Schwiegermutter zu Besuch kam, sagte sie: ‚Oma, ich weiß was Neues, paß mal auf, ob du das auch weißt.' Sie erzählte die ganze Geschichte als tolles Erlebnis, als erinnere sie sich selbst.

Ich habe sowohl bei der Sexualaufklärung als auch bei dieser Geschichte gestaunt, was alles von den Kindern als Selbstverständlichkeit akzeptiert wird, wenn man es ihnen auch ohne Geheimniskrämerei selbstverständlich erklärt."

Bei *mehreren* Adoptivkindern erübrigen sich lange Vorüberlegungen, Planungen, das Kopfzerbrechen. Die Kinder regeln diese Fragen teilweise ganz unter sich, wie das Interview mit einem dreifachen Adoptivelternpaar ergab:

Bei mehreren Kindern geht es „fast von alleine"

Eberhard und Erika haben nacheinander 3 Kinder in ihre Familie aufgenommen. Als Sabine, das erste Kind, 2 ½ Jahre alt ist, wird den Eltern das erwünschte und langersehnte zweite Kind „angeboten". Iris, 3 Monate alt, lebt in einem Kinderheim, und dorthin sollen die zukünftigen Eltern zur ersten Kontaktaufnahme kommen. Sabine weiß zu diesem Zeitpunkt noch nicht, „woher die kleinen Kinder kommen". Es hatte sich noch keine Gelegenheit zu einem Gespräch geboten: Keine sichtbar schwangere Frau weit und breit – und sie hatte auch noch nicht gefragt. Der Besuch im Heim ist nun *der* Anlaß, und die Eltern nehmen ihn wahr.

Wie habt ihr das damals angefangen? Was habt ihr gesagt?

Eberhard: Wir haben damals sichtbar Reisevorbereitungen getroffen. Das Heim, in dem Iris war, war ja 600 km entfernt. Wir hatten uns vorgenommen, auf der Fahrt dorthin mit Sabine zu sprechen. Vorher hatten wir keine Zeit, es kam alles so schnell. Na ja, und da hat Sabine halt gefragt, wohin wir fahren – sie fuhr damals so gern zu ihrer Oma. Und so ergab es sich ganz von alleine, daß Erika sagte: „Wir fahren heute nach Frankfurt. Das ist sehr, sehr weit weg, und wir müssen ganz lange unterwegs sein. Dort wollen wir ein kleines Baby besuchen."
Und noch bevor sie weitersprechen konnte, sprang Sabine in der Stube herum und lachte und rief und sagte: „Ein Baby für mich, ein Baby für mich ..." Wir hatten Mühe, sie wieder einzufangen, und mußten dann erst einmal dämpfen. Wir wußten ja noch gar nicht, ob es wirklich klappen würde.

Wie seid ihr dann auf die spezielle Adoptionssituation eingegangen und wann?

Eberhard: Das ergab sich dann ganz natürlich in allen weiteren Gesprächen. Schon im Auto haben wir Sabine dann erzählt, was wir genau vorhaben. Und mitten hinein fragte sie plötzlich, ob sie selber aus demselben Heim gekommen sei.
Wir waren im Moment ziemlich erschrocken – das war ja nicht nur die erste Frage danach überhaupt, zu der wir uns schon vorher

so viele Gedanken gemacht hatten. Uns hat auch erschreckt, daß sie sofort nach ihrem Heim fragte. Wir haben erst im Laufe der nächsten Wochen begriffen, daß das für Sabine völlig selbstverständlich war, zumal sie die andere Version ja noch gar nicht kannte.

Das war dann längere Zeit unser Problem – wenn man das überhaupt als Problem bezeichnen kann. Sabine war sicher: Kinder holt man aus Heimen. Wir haben dann immer wieder und bei allen möglichen Situationen über Schwangerschaft und Geburt gesprochen, teils ganz beiläufig, teils bewußt darauf hinwirkend. Das Resultat war, daß es für Sabine dann 2 Sorten Kinder gab: die aus Heimen und die von Müttern. Und weil sie und ihre Schwester aus Heimen kamen, fand sie das das bessere.

Und wie war es dann später bei Iris?

Eberhard: Eigentlich genauso. Nur daß Sabine, sie war ja schon über 5, sich als die große Wissende gebärdete. Sie klärte Iris über Heime auf und sagte: „Du mußt nur aufpassen, dann siehst du, woher die Babys kommen. Wir holen uns heute nämlich ein neues."

Und wie hat Iris reagiert?

Eberhard: Ich weiß es nicht mehr ganz genau. Uns schien sie sehr gleichgültig. Sie hatte nur die Sorge, ob ihr neuer Teddy mitdürfe und ob das Baby ihr den nicht kaputtmachen würde. Sie hat das Ganze mit Gelassenheit über sich ergehen lassen. Möglicherweise wußte sie sowieso schon mehr. Sabine und Iris teilten sich damals noch ein Zimmer, und wer weiß, was sie sich da abends im Bett schon alles erzählt hatten. Wir waren beim dritten damals genauso aufgeregt wie bei den ersten beiden, und Sabine konnte es auch gar nicht abwarten. Iris dagegen tat, als sei gar nichts, als ob wir auf dem Markt ein paar Äpfel kaufen wollten. Diese Form der Aufklärung klappte ja dann später bei Tanja nicht mehr.

Mehr Kinder habt ihr ja nicht angenommen. Wie verlief es dann bei ihr?

Eberhard: Ich glaube, da haben wir gar nichts mehr gemacht. Wir haben mal gehört, wie die Kinder im Kinderzimmer darüber sprachen, haben uns aber nicht eingemischt. Sehr viel später kam dann Tanja abends mal zu uns und fragte, ob es stimme, daß sie aus einem anderen Heim käme als Sabine und Iris. Da haben wir die Gelegenheit beim Schopfe gepackt und ihr verschiedenes zu der Adoption und zur leiblichen Elternschaft erklärt. Ich glaube, da war sie schon etwa 5 Jahre alt. Im Grunde ist bei uns alles problemlos gelaufen, völlig von alleine. Es hat sich vieles einfach so ergeben – die Kinder haben das als völlig natürlich hingenommen. Wir haben dann nur noch auf Nachfragen reagiert, richtiggestellt, ja und eben vieles ergänzt. Heute lachen wir manchmal darüber. Wir hatten uns über diese Aufklärung soviel Kopfzerbrechen gemacht, als wir Sabine bekamen. Und dann war alles so einfach!

Wer sollte noch Bescheid wissen?

Adoptiveltern sind oft sehr unsicher, wem sie vom Adoptivstatus des Kindes erzählen sollen oder müssen. Muß der Kinderarzt es wissen, die Kindergärtnerin, die Schule, die Mitschüler?
Bei Kindern aus anderen Kulturkreisen bzw. mit „anderem" Aussehen ergibt sich die Antwort auf diese Frage meist von allein. In der Regel wird in den Institutionen bereits danach gefragt.
Für eine generelle „Aufklärung" von Kindergärtnerinnen und Lehrern hingegen besteht überhaupt kein Anlaß, wenn sich nicht aufgrund der Vorgeschichte (z. B. längerer Heimaufenthalt, vielfacher Wechsel von Bezugspersonen usw. und/oder daraus resultierender Erziehungsprobleme) eine *pädagogische Notwendigkeit* ergibt.

Beispiel:
 Manuela kommt im Alter von 4 ½ Jahren in den Kindergarten. Sie ist körperlich und geistig leicht retardiert, und vor allem leidet sie extrem unter Trennungsängsten. Auch nach 4wöchiger, sehr vorsichtiger Eingewöhnungszeit, langsamer zeitlicher Steigerung des Aufenthaltes im Kindergarten, langsam reduzierter Anwesenheit der Mutter in der Kindergruppe ist Manuela nicht in der Lage, die Mutter gehen zu lassen. Entfernt die Mutter sich aus dem Spielzimmer, will sie hinterher und bricht in lautes, angsterfülltes Weinen aus, wenn sie daran gehindert wird.

In diesem Fall ist es für das weitere pädagogische Vorgehen unerläßlich, die Kindergärtnerin darüber zu informieren, daß das Kind erst seit einem knappen Jahr in der Familie ist und vorher zahlreiche Bezugspersonen „verloren" hat, die auch nie wieder auftauchten. Ohne diese Information *kann* die Kindergärtnerin nicht adäquat reagieren, während sie auf diesem Hintergrundwissen mit den Eltern gemeinsam Strategien erarbeiten kann, die dem Kind die tägliche Trennungssituation begreifbar und akzeptierbar machen.

Ein Kinderarzt oder Kinderpsychotherapeut sollte von der Adoption bei Erkrankungen, die über die üblichen Masern-, Keuchhusten-, Scharlach-Infektionen hinausgehen, informiert werden. Er kann in diesem Fall sorgsamer auf Symptome achten und muß eventuell vorhandene erbliche Belastungen einkalkulieren, von denen die Adoptiveltern in der Regel nichts wissen (z. B. diverse Stoffwechselstörungen). Auf alle Fälle muß dieser Personenkreis informiert werden, wenn das Kind vor der Unterbringung in der Adoptivfamilie noch in anderen Institutionen untergebracht war (psychischer Hospitalismus, Retardierung, Abwehrhaltungen verschiedener Ausformung).

Das gleiche gilt für Schulen – insbesondere dann, wenn es z. B. um eine in Aussicht genommene Veränderung, Rückstufung oder Sonderbeschulung geht. Hierbei steht jedoch nicht die Entlastung der Adoptiveltern im Mittelpunkt („Wir sind nicht schuld!"). Ebensowenig geht es darum, die „Blamage" von der Familie abzuwenden, indem erklärt wird, daß das Phänomen des Schulversagens oder der Leistungsverweigerung nicht familienspezifisch ist, sondern per Adoption von außen hereingeholt wurde. Wichtig ist allein, ein besseres Verstehen zu fördern und entsprechend die richtigen Maßnahmen für das Kind einzuleiten.

Beispiele:

Schulversagen bei adoptierten Kindern kann auf sehr viele verschiedene Ursachen zurückzuführen sein – wie beim leiblichen Kind. Dabei sind in *erster Linie* nicht die Mängel beim Kind, sondern im Schulsystem, bei den Lehrmethoden, den Unfähigkeiten der Lehrer zu suchen. Es *können* in geringem Maße erblich bedingte Beeinträchtigungen vorliegen, die das Kind am Lernen hindern. Wichtig ist immer erst die Abklärung körperlicher Störungen oder Erkrankungen. Ein z. B. (leicht) sehbehindertes Kind, das den Tafelanschrieb nicht lesen kann, braucht nur eine Brille. Ein Kind mit (leichten) Hörschäden kann dem Unterricht nur schwer folgen – zumal wenn dieser

sehr unruhig abläuft. Da nutzt dann keine Erziehungsberatungsstelle und kein Grübeln über den Adoptivstatus, sondern nur ein Gang zum Ohrenarzt. Auch andere Störungen
(zu niedriger Blutdruck, Unter- oder Überzuckerung ...) können zum „Schulversagen" führen – ganz zu schweigen von
übermäßigem, zu langem, unkontrolliertem (eigener Fernse-
her im Kinderzimmer!) und angstauslösendem Fernsehkon-
sum. Auf alle Fälle muß jedoch erst abgeklärt werden, ob das
Kind aktuelle Probleme nicht bewältigt hat und somit, über
die Maßen psychisch belastet, den Anforderungen der Schule
nicht folgen kann. „Schulversagen" hängt sehr oft mit
Schulangst zusammen. Dabei steht zunehmend Angst vor
brutalen Mitschülern im Mittelpunkt. Es folgen Angst vor
Leistungsversagen (Eltern erwarten oder fordern zuviel) und
Angst vor einer Lehrkraft. Nicht alles und jedes darf auf die
Adoption und auf die unbekannten Gene geschoben werden
– auch wenn es manchmal einfacher scheint. Zunächst müssen die physiologischen und sozialen Bedingungen „abge-
klopft" werden.
Dann jedoch muß auch der Adoptionsstatus bedacht werden
– insbesondere bei Kindern, die erst später in ihre Familie gekommen sind *und* bei Adoptiveltern, die selber (uneinge-
standen?) Schwierigkeiten mit der Adoption haben.
Denkbar sind: mangelnde Informationen und unbeantwortete
Fragen über die Adoption, ungeklärte Geschwisterverhältnisse
(„Du bist ja nur adoptiert, ich bin das leibliche Kind!"), mangelnde Integration in die Familie, ein Zweiartensystem von Kindern, in dem es gute und böse, begabte und dumme, also
leibliche und angenommene gibt.

Lehrer sind auch nur Menschen – sie folgen einem ähnlich naiven
Vererbungsdenken wie alle anderen Menschen auch. Das gilt besonders in den Fällen, für die eine eindeutige Erklärung nicht sofort auf der Hand liegt. „Wer weiß, was dahintersteckt",
beinhaltet beim adoptierten Kind weitaus häufiger die Frage nach
seiner „finsteren Vergangenheit" als die Frage nach aktuellen psychosozialen Bedingungen.

Ohne „Not" alle Institutionen, mit denen das Kind in Verbindung kommt, zu informieren, ergibt keinen Sinn. Ich habe in Kindergärten und Schulen oft erlebt, daß Eltern völlig zusammenhanglos und ohne Notwendigkeit bei der Schulanmeldung, im Lehrer-Eltern-Gespräch, auf Konferenzen oder einfach im Small talk den Adoptionsstatus ihrer Kinder ansprachen. Das Thema scheint für manche Eltern allgegenwärtig. Sie schaffen damit eine Situation, die das „Besondere" des Kindes herausstellt, obwohl unter Umständen das Kind von Geburt an in der Adoptivfamilie war und es keiner „Besonderung" bedürfte.

Etwas „Besonderes" zu sein, heißt nicht immer, etwas „Besseres" zu sein. Sehr schnell kann die Meinung umschlagen und für das Kind bzw. den Jugendlichen belastende Situationen schaffen.

Beispiel:

Der 10jährige adoptierte Bertram hat vom Garderobenhaken im Flur seiner Schule eine Mütze geklaut, einfach weil er sie schön fand und haben wollte.

Solche Diebstähle sind (fast) alltäglich, sie gehören beinahe schon in die Entwicklung, bedürfen kaum besonderer erzieherischer Maßnahmen, wenn das Kind Einsicht in das Unrecht hat. Fraglich ist, ob sich bei Lehrern, Mitschülern und deren Eltern nicht sofort Assoziationen vom „fremden Kind" einstellen, von dem ja niemand weiß, woher es kommt und wer seine Eltern sind.

Diese naive Vererbungstheorie spukt unreflektiert und ungebrochen selbst durch aufgeklärte Köpfe und ist vor allem dort sofort parat, wo es im Alltag zu kleinen Konflikten kommt. Beim Hervorheben des Adoptivstatus in allen Institutionen hat sich mir oft in unmittelbarer Anschauung die Frage gestellt, wieweit die Adoptiveltern sich selbst oder ihre Gesamtsituation als „besonders" herausstellen mußten:

● unbewußt, um soziale Anerkennung zu bekommen („Tolle Leute, die 3 fremde Kinder adoptieren!");

● ebenso unbewußt, um ein Stück Verantwortung abzugeben, von sich zu weisen, wegzuschieben: „Wenn was passiert, wir können nichts dafür, das Kind ist ja nur adoptiert."

Das ist keine Unterstellung, sondern Realität, basierend auf unge-
lösten oder ungeklärten Fragen der eigenen Voll- oder Minderwertigkeit, des elterlichen Selbstverständnisses, der Sicht des Kindes
als Nur-Ersatz („Ein leibliches wäre besser gewesen!"), der Erziehungsunsicherheit, beruhend auf naivem Vererbungsglauben, die
Unwissenheit der Eltern über die Herkunft des Kindes, die Angst
vor dem „bösen Blut", das er in sich trägt, die Angst, mit Unbekanntem konfrontiert zu werden, und anderem mehr.
Bei einer Rundum-Aufklärung ohne pädagogische Notwendigkeit
wird überflüssigerweise die Familienkonstellation verkünstlicht.
Was geht es (im Normalfall) die Kindergärtnerin, den Lehrer, den
Rektor, die Mitschüler an, daß ein Kind adoptiert wurde? Über
nichteheliche Kinder, Stiefkinder, untergeschobene Kinder, sogenannte Fünfmonatskinder und alle anderen, von staatlich-kirchli-
chen Normen abweichenden Eltern-Kind-Verhältnisse wird auch
nicht permanent, spontan und weitstreuend berichtet.
Das „besondere" Kind will nicht besonders sein, es will dazugehören, es will sein wie die anderen auch. Wenn es seinen Besonder-
heitsstatus braucht (benutzt), können die Eltern sicher sein, daß
etwas schiefgelaufen ist – gegebenenfalls nur durch ihre eigenen
Überinformationen und die Überbetonung der Adoption als
sozialer Maßnahme.

Die Rolle des Lehrers im Gespräch über Adoption

Lehrer spielen im Leben aller Kinder eine maßgebliche Rolle. Sie sind nicht nur Wissensvermittler (und Zensurengeber!), sondern möglichst auch Erzieher und Normenvermittler. Kinder verbringen mit ihnen fast soviele wache Stunden wie mit ihren Eltern. Lehrer sind auch verantwortlich für das Klima, die „Stimmung" in der Klasse, der Schulgemeinschaft, – letzlich auch in dem Gesellschaftssystem.

Für Adoptivkinder kann darin ihre ganz besondere Bedeutung liegen. Folgendes ist daher wichtig:

– Welches Familienbild vermitteln Lehrer? Wie tolerant sind sie dabei?

– Wie helfen sie ganz generell beim Lösen von Konflikten in der Gruppe?

– Wie tief fühlen sie sich mitverantwortlich für das Wohlergehen „ihrer" Kinder? (Oder „unterrichten" sie nur?)

– Was wissen sie über „ihre" Kinder? Welchen Zugang haben sie zu ihnen? Was wird ihnen anvertraut?

– Welchen Kontakt (und Einfluß) haben sie zu den Eltern, welche vertrauensvollen Gespräche sind möglich – oder welche feindselige Haltung herrscht zwischen ihnen?

Für Lehrer ergeben sich in bezug auf Adoptivkinder auf dieser Basis auch ganz spezifische Situationen. Sie können in der Schule mit Adoptierten auf vielfältige Weise in Berührung kommen (ganz abgesehen davon, daß rund 40% aller Adoptiveltern selber Lehrer sind und damit in dieser Gruppe weit überrepräsentiert sind!)

So erfahren Lehrer beispielsweise von Streitereien in der Klasse, in dessen Verlauf es zu massiven Diskriminierungen von Pflege- und

Adoptivkindern kommt: „Wo haben denn deine Eltern dich aufgesammelt?" „Du hast ja noch nicht mal richtige Eltern!" Oder:
„Wer weiß, warum deine Mutter dich damals weggegeben hat,
wahrscheinlich warst du damals schon genau so eklig wie jetzt!"
Kinder nehmen in solchen Situationen kein Blatt vor den Mund –
Erwachsene allerdings auch nur selten – und die Verletzungen
können sehr tief gehen! Hier ist der Berufspädagoge gefragt! Es
geht nicht nur darum, in einem Streit zu vermitteln, sondern vor
allem darum, mit Kindern und Jugendlichen über die Gleichwertigkeit verschiedener Lebens- und Familienformen zu sprechen.
Solche Auseinandersetzungen können auch zum Anlaß genommen werden, mit Jugendlichen über so altmodische Themen wie
Dankbarkeit, Demut und die daraus wachsende Verantwortung
zu reden! Wer hat schon dazu beigetragen, daß es ihm so gut geht,
wie es ihm geht ...? Und wessen eigener Verdienst ist es, bei den
leiblichen Eltern in einer „heilen" Vollfamilie aufwachsen zu können?
Hier ist „Aufklärung" also auch einmal von einer anderen Seite
aus gefragt!
Ein anderes Problem in Klassen und Gruppen ergibt sich allerdings oft durch die adoptionsspezifische Schichtenverteilung in
Kombination mit kompensatorischen Bemühungen der Adoptiveltern. Konkret: Wohlhabende Adoptiveltern (und in der Regel
sind sie aufgrund der Auswahlkriterien wohlhabender als der
Durchschnitt der Bevölkerung) haben zwei Kinder aus der Dritten
Welt adoptiert. Hautfarbe und Physiognomie lassen daran keinen
Zweifel. In der Klasse ist das grundsätzlich kein Problem – man ist
aufgeklärt und tolerant! Aber beide Kinder sind – dem Geldbeutel
des Vaters entsprechend – materiell ausstaffiert wie sonst niemand, was Mode, Schmuck und Urlaubsreisen anbelangt. Darin
geben sie den Ton an und der ist manchmal reichlich schrill.
Einige Mitschüler aus dem Kreis der materiell Profitierenden sind
glühende Anhänger. Die anderen sind einerseits neidisch, und andererseits setzen sie daheim ihren Eltern zu, wie gut man es doch
als Jugendlicher auch haben könnte, wenn die Eltern nicht so
arm, so geizig ... usw. wären.
Ich habe in einem derartigen Fall erlebt (er ist nicht selten!) daß

sonst sehr liberale und christlich eingestellte Eltern sich eines Tages nicht mehr anders zu helfen wußten als zu sagen: „Mach dir nichts draus. Wenn sie euch zu sehr ärgern, dann müßt ihr daran denken, daß sie aus den Gossen in Peru aufgesammelt worden sind!"

In solch eskalierenden Fällen haben die Lehrer wiederum eine „aufklärerische" Funktion – diesmal für die Adoptiveltern, die nicht ahnen, was sie (vielleicht wohlmeinend) bei ihren Kindern anrichten. Menschen zu kaufen und die (doppelt!) besondere Position herauszukehren, kann bei Kindern und Jugendlichen nur zu seelischen Mißbildungen führen – nie jedoch zu einem gesunden Selbstwertgefühl!

Zur unmittelbaren Aufklärung des Kindes über seinen Status und seine Herkunft sollten Lehrer, die wissen oder ahnen, daß einer ihrer Schüler nicht adäquat Bescheid weiß, nicht aktiv und vor allem nicht im Alleingang beitragen.

Ob ein Lehrer etwas vermutet, ob ein Schüler sich ihm mit eigenen Vermutungen anvertraut oder ob Eltern den Lehrer unter dem tiefsten Siegel der Verschwiegenheit eingeweiht haben: Er darf nicht spontan und gutgemeint die große Aufklärungsaktion starten! *Immer* müssen zuvor die Eltern konsultiert werden, denn sie sind es letztlich, die u. U. über Jahre die Scherben aufzulesen haben, wenn etwas zu Bruch ging! Die Eltern nur können darüber Auskunft geben:

– Was weiß das Kind wirklich? Oder vermutlich?
– Was darf es nicht wissen – und warum nicht?
– Warum haben die Eltern welche Regelung getroffen?
– Wieweit sind sie sich über die Konsequenzen im Klaren?

Und dann erst muß in aller Ruhe beraten werden, welche Wege man (eventuell gemeinsam) beschreiten will. Der Lehrer kann – wenn er das entsprechende Wissen und Können hat – beratend mit den Eltern das Für und Wider erwägen. Besser wäre es jedoch meistens, wenn er die Eltern auf entsprechende Beratungsstellen hinweisen und sie zur Nutzung ermutigen würde. Nicht jeder Pädagoge kann alles!

Wendet sich ein Schüler an den Lehrer („Ich bin so unsicher ...", „Ich kann meine Eltern doch nicht einfach darauf ansprechen ..."), dann sollte er dem Kind seine Vermittlung und ein gemeinsames Gespräch anbieten. Lehnt das Kind dies zunächst noch ab, dann muß der Pädagoge zuhörend, helfend, anteilnehmend die Zeit abwarten, bis sein Schüler sich entscheidet, das Angebot anzunehmen. Wenn schon mehrere Jahre „unaufgeklärt" ins Land gegangen sind, kommt es auf ein paar Wochen mehr oder weniger auch nicht mehr an!

Bei diesen Fragen geht es ja nicht nur um irgendein Wissen, das man hat oder nicht, sondern um ein Lebensthema. Und hier gilt: Nur alle gemeinsam können das Problem lösen, das dem einen unlöslich scheint.

Ein Fehler, wie er dem Pastor beim Konfirmandenunterricht (S. 116) unterlaufen ist, darf es nicht geben (Schüler sind ohnehin nicht Beispielgeber für den Unterricht!). Der Lehrer (S. 103), der in dem akuten Konflikt erst einmal selber Rat sucht, hat sicher den richtigeren Weg gewählt.

Wer erklären will, braucht Wissen

Je älter das Kind wird, um so mehr möchte es über die leiblichen Eltern wissen. Es genügt dem 10- bis 12jährigen nicht mehr, daß seine Mutter ihn nicht behalten konnte. Er will wissen, wer sie war, wie sie aussah, wer sein Vater ist und was er macht. Ebenso interessiert ihn, ob die Eltern noch mehr Kinder haben – die ja dann Geschwister oder Halbgeschwister sind –, was sie machen und wo sie wohnen.

Die letzte Frage erschreckt ausnahmslos *alle* Adoptiveltern. Die Kinder sind in diesem Alter schon so selbständig, daß sie sich ohne weiteres auf eigene Faust auf den Weg machen könnten – je näher die Mutter wohnt, um so eher. Für die meisten Eltern ist es nicht gelogen, wenn sie über den Wohnort der Mutter keine Auskunft geben können. Es sind viele Jahre seither vergangen, sie kann durch Heirat einen anderen Namen haben, oder sie kann mehrfach umgezogen sein. Wenn man Kindern in diesem Alter sagt, daß man ihnen später (mit 16, bei Volljährigkeit, nach dem Abitur oder zu einem anderen, vorher festgelegten Zeitpunkt) bei der Suche nach der Mutter behilflich sein wird, werden sie sich damit zufriedengeben – vorausgesetzt, daß sie ihre Eltern als zuverlässig in Versprechungen für die Zukunft erlebt haben.

Die anderen Fragen jedoch sollten Eltern weitgehend beantworten können. Sehr viele Eltern stehen damit aber viele Jahre nach der Adoption vor einem scheinbar unüberwindlichen Hindernis: Sie wissen zuwenig.

Endlich ein Kind zu bekommen, steht für viele so sehr im Vordergrund des Adoptionsvermittlungsgeschehens, daß es ihnen im Moment unwichtig erscheint, von welchen Eltern es abstammt. Viele wollen auch nicht aufdringlich erscheinen, nicht zu viel, zu neugierig fragen – es könnte ja sonst der Verdacht entstehen, sie wollten zu sehr auswählen, ein Kind seiner Herkunft wegen vielleicht sogar ablehnen. Auch gibt es Eltern, die bewußt keine Informationen wollen, um sich nicht negativ beeinflussen zu lassen. Sie wollen nicht bei ihrem 14jährigen Sohn, der in der Schule das erste Mal mit Haschisch in Berührung kommt, vor Angst erstarren müssen, weil sie wissen, daß der leibliche Vater sein Brot als Dealer verdient hat. Sie sehen die Gefahr der Etikettierung des Kindes (auch ohne den Vorgang als solchen benennen zu können), sie wollen vorbehaltlos sein und vorbehaltlos erziehen. Kein (negatives) Hintergrundwissen soll ihre Auffassung von der alles bewirkbaren Erziehung beeinträchtigen (letztlich, weil der Geist der „Vererbung" noch immer durch unser aller Köpfe spukt oder zumindest als offene Frage im Zweifelsfall unsere Urteile beeinflußt).

Gerade in dieser selbstauferlegten Abstinenz liegt das, was die Eltern meinen, gerade nicht zu sein: Vorurteile! „Ich will ja gar nichts wissen. Ich will mich ganz ohne Vorurteile an die Erziehung dieses Kindes trauen" beinhaltet: „Ich weiß, daß ich Vorurteile habe. Diese will ich aber nicht bestätigt bekommen. Ich tue also so, als hätte ich keine."

Das Unbewußte aber bleibt und macht den Erziehungsalltag oft schwer: „Wer weiß, ob da nicht doch etwas war ...!" Uneingestandene Zweifel sind schwerer zu bearbeiten als Faktenwissen, und Angst vor Unbekanntem vergiftet eine Beziehung.

Hinzu kommt, daß ein Adoptivkind keine „tabula rasa" ist – kein „leerer Tisch", keine freie Fläche ohne Eindrücke. Es *hat* Vergangenheit: 9monatige Schwangerschaft mit allen Freuden, Belastungen und Ambivalenzen der Mutter; mit guter oder Fehlernährung, mit oder ohne Schwangerenberatung und Geburtsvorbereitung ... Ist das Kind erst später in die Familie gekommen, hat es zusätzlich personale Vorerfahrungen guter und schlechter Art, zuverlässige Pflege oder Vernachlässigung, Zärtlichkeit und Beziehungsabbrüche, unverarbeitete Trauer und gelegentlich (nicht so oft, wie in letzter Zeit gerne behauptet!) auch Mißhandlungserfahrung. All das macht das Leben des Kindes aus und *muß* von den Adoptiveltern gewußt und einbezogen werden!

Die Diskussion darüber, wie viele und welche Informationen Adoptiveltern über die Herkunft ihres Kindes vor der Annahme erhalten sollten, ist seit Jahrzehnten im Gange: Sowenig wie möglich, um keine Voreingenommenheit entstehen zu lassen – nur das Gute – ausnahmslos alles – sind die Extreme.

Viele Adoptiveltern sind während des Vermittlungsverfahrens selbst unsicher. Sie sind ganz auf das Wissen und die Erfahrung der Vermittler angewiesen – und die wiederum haben sehr individuelle Alltagstheorien darüber, was Eltern wissen sollten. Viele behelfen sich damit, nur die Informationen herauszurücken, nach denen die potentiellen Eltern konkret fragen.

Und denen scheint es im Moment der langerwarteten und ersehnten Erfüllung ihres Wunsches und angesichts eines neugeborenen Babys in der Regel ziemlich egal – zumal sie auch wissen, daß sie weitere Monate oder sogar Jahre warten müßten, falls ihnen an der Herkunft des Kindes etwas nicht paßt und sie es deswegen ablehnen. Das Defizit wird oft dann schmerzlich deutlich, wenn die Kinder selbst fragen und mit zunehmendem Alter mehr und mehr wissen wollen.

So schreibt eine Adoptivmutter: „Michael (7 Jahre) weiß, daß er adoptiert ist. Wir haben es ihm ziemlich früh gesagt. Jetzt wird er manchmal sehr nachdenklich und fragt, warum seine Mutter ihn denn hergegeben hätte, wo er doch ein so süßes Baby war. Dann muß ich auch traurig zugeben, daß ich es nicht weiß, daß wir nur sehr sehr wenig von seiner Mutter wissen. Er bedauert besonders, daß es keine Bilder von ihm aus der Zeit im Heim gibt (er kam erst mit 9 Monaten zu uns). Ich finde es auch schade. Natürlich existiert von seiner Mutter auch kein Foto. Ich würde es gerne mit ihm anschauen, während wir über sie sprechen."

Diese Adoptivmutter spricht eine Lücke an, die oft später nicht oder nur mit sehr großem Zeit- und (psychischem!) Kraftaufwand gefüllt werden kann. Das Kind wird größer, die biologische Herkunft wird akut – und nichts ist da!

Ich kenne einige leibliche Mütter, die ihre Kinder zur Adoption abgegeben und dem Kind einen Brief „mitgegeben" haben. Das ist natürlich unkorrekt ausgedrückt, sie haben dem Kind keinen Brief in die Windel gelegt – aber die Mütter wollen es so verstanden wissen: Das Kind sollte später einmal in einem persönlichen Schreiben alles über seine Eltern und vor allem den Akt der Freigabe erfahren. Insbesondere soll es wissen, daß dieser Schritt aus Liebe zu dem Kind geschah, daß er ein schmerzlicher Verzicht war und daß das Kind im Herzen seiner Mutter immer einen Platz behalten wird. Manche Frauen schrieben hinzu, daß sie sich – wie auch immer ihr Leben in den nächsten zwei Jahrzehnten verliefe – über ein Wiedersehen mit dem dann großen „Kind" freuen würden.

Es ist jedoch oft fraglich – und das sehen viele der betreffenden Mütter sehr deutlich –, ob diese Briefe auch wirklich weitergegeben werden: vom Jugendamt an die Adoptiveltern und von diesen zu einem passenden Zeitpunkt an die Kinder.

Die Adoptionsvermittlungsstellen hätten hier eine wesentliche pädagogische Aufgabe für die Zukunft – und somit für die Bewältigung der Vergangenheit – aller Beteiligten. Sowohl Adoptiveltern als auch leibliche Mütter sind mit Adoption in der Regel nicht vertraut – jedenfalls dann nicht, wenn es sich um die erste Maßnahme handelt. Sie kennen nicht die Möglichkeiten und die Hilfen für die Zukunft. In den der Abgabe bzw. der Annahme vorangehenden Gesprächen sollten diese Möglichkeiten vom vermittelnden Pädagogen angesprochen werden:

Mit der leiblichen Mutter:

„Möchten/würden Sie Ihrem Kind für später einen Brief mitgeben? Fotos von sich, Fotos von den ersten Lebenstagen/Lebenswochen des Kindes? Fotos von seinem Vater, von seinen Großeltern? Vielleicht sein erstes Spielzeug, den Teddy, die Klapper? Irgend etwas, das Sie angeschafft hatten, geschenkt bekommen haben für das Kind?

Die Adoptiveltern werden es für das Kind aufbewahren und es ihm später von Ihnen geben!"

Mit den Adoptiveltern:

„Was hätten Sie gerne von den leiblichen Eltern gewußt – welche Informationen, Bilder, Tagebücher oder Briefe an das Kind? (Derartiges existiert sehr häufig ohne Wissen der anderen Beteiligten, wird aber in den Wirren der Freigabe oft vergessen oder aus Scham nicht ohne Anfrage herausgegeben.) Wir könnten die Mutter fragen, ob sie uns etwas für Sie bzw. für das Kind überläßt."

Ob und wann die Adoptiveltern dieses „Material" dann in den Gesprächen mit den Kindern verwenden, ist ihnen selbst überlassen. Aber solange nichts vorhanden ist, kann nur die Lücke schmerzlich empfunden und notdürftig überbrückt werden. So schreibt eine Adoptivmutter: „Marion fragt viel nach ihrer leiblichen Mutter. Ich muß ihr immer wieder sagen, wie wenig ich weiß. Sie weint dann manchmal, und ich nehme sie in die Arme und weine mit ihr – aus Trauer über diese fremde Mutter, die uns ihr Kind schenkte."

Auch sich selbst tun die Adoptiveltern einen Gefallen, wenn sie mehr über die leiblichen Eltern, insbesondere die Mutter, wissen. Meistens sind sie doch voller Phantasien, was diese Menschen angeht. Je weniger sie die eigene Kinderlosigkeit verarbeitet haben, um so mehr beschäftigen sie sich mit „dieser Frau", die die beneidenswerte Fähigkeit besitzt, Kinder zu bekommen, sie aber so wenig schätzt, daß sie ihr Kind „einfach fortgibt". Die Gefühle schwanken zwischen Dankbarkeit („Sie haben das Kind ausgetragen und abgegeben, damit wir es bekommen konnten") und krasser Ablehnung („Wir ziehen anderer Leute Gören auf, und die machen sich ein flottes Leben"). Gleichzeitig steht im Hintergrund auch immer die Angst vor dem Verlust des Kindes:
Wie ist die Mutter, wird sie eines Tages auftauchen, wird sie Unruhe in unser Leben bringen? Wird sie ihr Kind gar zurückfordern? Dies ist rechtlich nicht möglich, wird von vielen Adoptiveltern aber doch unreflektiert befürchtet.

Je mehr die Adoptiveltern über die finanzielle, soziale und psychische Situation der Mutter zum Zeitpunkt der Abgabe des Kindes wissen, um so mehr können sie sich in sie selbst und in die Entscheidungsmechanismen hineindenken – und um so eher können sie mit der Mutter ihres Kindes sympathisieren. Auf diese Sympathie der Adoptiveltern für die Mutter ist letztlich auch das Kind angewiesen; denn das, was die Eltern empfinden, wird bei allen aufklärenden Gesprächen mitschwingen, wird sich stimmungsmäßig dem Kind mitteilen. Jedes Kind möchte von *guten* Eltern abstammen, und es möchte diese seine gute Abstammung von den Menschen, die es liebt, denen es vertraut und von denen es Normen und Werte lernt, eindeutig bestätigt bekommen.

Aber nicht nur die reine Vermittlung von Lebensdaten über die Mutter hängt von der Fülle der Informationen ab, sondern auch das Verständnis für sie, das rational und emotional an das Kind weitergegeben wird. Dazu die Schilderungen eines Adoptivvaters von 3 Mädchen, die nacheinander im Abstand von 2 Jahren im Alter von 4, 6 und 11 Monaten in die Familie aufgenommen wurden:

„Als Angela zu uns kam, hatten wir noch keine Ahnung, wir waren auch sehr unsicher. Ich glaube, wir wollten uns nach allen Seiten absichern – es sollte ja alles gutgehen mit dem Kind bei uns. Da haben wir dann alles aus der Sozialarbeiterin herausgequetscht, was sie wußte, und sie war auch sehr bereit, alles zu erzählen. So haben wir erfahren, daß Angela einen 2 Jahre älteren Bruder hat – vom selben Vater. Er konnte die Mutter nicht heiraten, weil seine Frau sich nicht scheiden lassen wollte. Die Mutter hat furchtbar unter alldem gelitten. Zuerst wollte sie die Schwangerschaft gar nicht wahrhaben, hat sie einfach nicht wahrgenommen, bis es dann wirklich nicht mehr zu verbergen war. Bis zur Geburt war sie völlig hilflos – so, als ob sie auf ein Wunder wartete. Irgendwas würde sich schon ergeben.

Als Angela dann geboren war, hat die Mutter sie mit zu sich nach Hause genommen, gestillt, versorgt. Für sie war das alles ganz klar, sie hatte ein Kind bekommen, und das mußte jetzt bei ihr sein. Nun hatte sie eben zwei. Aber wie sie das mit der Arbeit machen sollte, das wußte sie nicht. Sie arbeitete damals im Schichtdienst in der Schokoladenfabrik. Der Junge war diese Zeit über bei Pflegeeltern. Das waren ältere Leute im selben Haus, die sich auch ganz rührend um die Mutter gekümmert haben – so wie um eine Tochter. Aber das 2. Kind, das hätten sie nicht mehr geschafft. Von denen kam dann auch die Idee mit der Adoption. Die Mutter wußte erst gar nicht, was das ist, und hat dann tagelang furchtbar geweint. Sie sind dann hin mit ihr zur Beratung – na ja, was blieb ihr anderes übrig. Sie hat das Kind sehr geliebt, aber es wäre ja nicht anders gegangen. Wir haben dann später durch Zufall mal gehört, daß sie lange in psychotherapeutischer Behandlung war – ob wegen Angela, wissen wir nicht, aber das hat sicher eine Rolle gespielt.

Bei den beiden anderen Kindern war es anders. Da wissen wir nur ganz wenig über die Eltern. Angelas Mutter ist uns irgendwie am sympathischsten – vielleicht weil wir soviel von ihr wissen und davon, wie sie zum Kind stand! Bei Barbaras und Stephanies Müttern fällt uns das viel schwerer. Da wissen wir nur, daß sie auch beide die zweiten Kinder waren und beide Mütter sehr jung. Bei Stephanie soll noch nicht mal der Vater bekannt sein. Wir können den beiden auch wenig vermitteln zu ihren Eltern – da ist einfach zuwenig, alles nur so oberflächlich. Wohl ist uns nicht."

EXKURS: Wer gibt sein Kind zur Adoption frei?

„Obwohl die Paare (Adoptiveltern) viele Fakten wissen wollten, so wurde es doch deutlich, daß das Gebiet, um das sie sich die meisten Gedanken machten und wo sie am meisten Hilfe brauchten, mit ihren Gefühlen und Einstellungen in bezug auf die leiblichen Eltern zusammenhing. Das Bewußtwerden dieser Gefühle war im wesentlichen dafür verantwortlich, wie sie mit ihren Kindern über die leiblichen Eltern sprachen." (Sorosky 1982)

„Man hat sich nach Abschluß der Adoption nicht mehr dafür interessiert, was später mit den leiblichen Eltern geschah. Adoptionsbüros haben an der Meinung festgehalten, daß die Anonymität der leiblichen Mutter für sie lebenswichtig sei und ihre Privatsphäre nicht verletzt werden dürfe. Sie hatte gesündigt und gelitten, teuer dafür bezahlt und verdient es, in Ruhe gelassen zu werden. Niemand hatte das Recht, in ihr Leben einzudringen und es zu zerstören; ihr war versprochen worden, daß sie keinerlei Furcht mehr haben müsse, und die Adoptionsstelle konnte diesen heiligen Eid nicht brechen." (Sorosky u. a., 1982, S. 42 f.)

Über die Mütter, die ihre Kinder zur Adoption freigeben, herrschen zahlreiche Vorurteile, Pauschalurteile, insbesondere aber sehr viel Unwissenheit.

Im alltäglichen Sprachgebrauch gelten sie als „Rabenmütter", als „Schlampen", als Frauen, die es nicht verdienen, Kinder bekommen zu können, als Mütter, die sich der Verantwortung entziehen, nachdem sie leichtfertig Kinder in die Welt gesetzt haben. Sein Kind fortzugeben, ist in unserer Gesellschaft eine der größten Sünden, eine völlig unverständliche Handlung, verabscheuungswürdig, verurteilenswert.

Ich habe im Laufe vieler Jahre nur wenige Adoptiveltern kennengelernt, denen wirklich bewußt ist, daß sie *nie* ein Kind bekommen hätten, wenn nicht eine fremde Frau dieses empfangen, ausgetragen, geboren und „abgegeben" hätte. Diese Eltern zeigen Dankbarkeit, oft auch Betroffenheit und Mitleid. Oder sie trauern um diese Frau, von der sie nichts wissen, von der sie nur ahnen können, wie ihr Leben wohl aussah, als sie sich zum endgültigen Abschied von ihrem Kind, zur „Freigabe", entschieden hat, entscheiden mußte.

Sehr viele Adoptiveltern, die ich gesprochen habe, hatten bis dato keinen Gedanken an die Mutter „verschwendet". Sie kannten allenfalls ein paar biographische Daten, kaum Hintergründe und absolut nichts von der sozialen Situation und der psychischen Verfassung der Frau, als sie sich zu diesem weitreichenden und endgültigen Schritt entschloß.

Nur einige wenige Eltern waren – vermutlich aufgrund mangelnden Wissens – so voreingenommen und negativ eingestellt, daß es hinsichtlich dessen, was sie über die Mütter an das Kind weitergeben würden, erschreckend war.

Bei Interviews mit Adoptiveltern über die leiblichen Mütter ihrer Kinder stieß ich auf *3 Grundformen* negativer Einstellung:

1) Nur eine Schlampe/verantwortungslose Frau/besonders dumme Frau/Prostituierte/berechnende, auf Heirat erpichte und dann „hereingefallene" Frau/ ... bekommt im Zeitalter von Pille und Abtreibung noch ein Kind.

2) Es kann keiner Frau jemals *so* schlecht gehen, daß sie sich von ihrem Kind trennt. Tut sie es trotzdem, liegt bei ihr ein

biologischer/genetischer/mütterlicher/weiblicher Defekt vor. Auf alle Fälle zeigt sie mit dieser Handlung, daß sie nicht würdig war, überhaupt Mutter geworden zu sein.

3) Es gibt Frauen, die setzen leichtfertig Kinder in die Welt, die ihnen dann schnell lästig werden. Sie entledigen sich ihrer dann, um weiterhin ein loses Leben (auf Kosten der Allgemeinheit bzw. der Adoptiveltern) führen zu können.

Diese Grundhaltungen mancher Adoptiveltern waren grundsätzlich gepaart mit einem totalen Unwissen: einerseits über die Mutter ihres Kindes ganz speziell, andererseits aber auch über die Lebensbedingungen unterer sozialer Schichten. Es fehlen ihnen Informationen über die Arbeitsplatz- und Arbeitszeitsituation junger Frauen mit minderer Qualifikation, ihre Verdienst- und entsprechend ihre Wohnmöglichkeiten und über die sozialen Vorurteile gegenüber einer Frau, die ein Kind „ohne Vater" austrägt und erzieht.

Aus dem Interview mit einem Adoptivelternpaar, das ein Mädchen adoptiert hat:

Sw: Wie denken Sie eigentlich von Frauen, die ihre Kinder abtreten, die sie zur Adoption freigeben?

Herr K.: Ja nun, ich merke schon, worauf Sie hinauswollen. Aber ich will mal ganz ehrlich sein – von denen halte ich gar nichts.

Frau K.: Na ja, man muß doch vielleicht bedenken, daß es manchmal nicht anders geht.

Herr K.: Na hör mal! Du willst dich doch nicht vor diese Frauen stellen? Na, da kenne ich dich aber gar nicht wieder.

Sw.: Frau K., Sie glauben, daß manche Frauen vielleicht zu diesem Schritt gezwungen werden?

Frau K.: Ja, ich weiß nicht. Gezwungen. Nun ja. Wenn ich so an junge Mädchen denke, die auf einen Mann hereingefallen sind, vielleicht auf einen, der schon verheiratet ist. Was soll die dann mit dem Kind machen? Vor allem, wenn sie noch kein eigenes Geld verdient und so.

Herr K.: Da gibt es immer noch die Abtreibung.

Frau K.: Das ist doch aber auch nicht für jeden, Friedhelm!

Herr K.: Wieso? Das ist doch heute möglich? Alle möglichen Indikationen. Irgendwas wird sich da schon finden!

Frau K.: Das meine ich nicht! Sieh mal, wenn das Mädchen zum Beispiel katholisch ist ...

Herr K.: Dann kriegt sie auch kein Kind.

Frau K.: Wo lebst du denn eigentlich? Wenn ich dich so höre!

Herr K.: Na ja, ob Abtreibung oder nicht – aber sein Kind gibt man nicht einfach weg – ich bitte dich!"

(aus: Swientek, 1982, S. 99)

In vielen Gesprächen konnte durch die Vermittlung von Wissen und durch Denkanstöße in Form von Fragen mehr Offenheit gegenüber dieser Problematik erreicht werden.

Ein weiterer Grund für teilweise extreme Ablehnung der leiblichen Mutter ist in der eigenen unreflektierten und nicht verarbeiteten Kinderlosigkeit zu finden. Unbewußt wird die Mutter um die *eine* Fähigkeit beneidet, die die beteiligten Parteien so maßgeblich voneinander unterscheidet: die Fähigkeit, ein Kind zu empfangen, es auszutragen und zur Welt bringen zu können. Die Fortgabe des Kindes zur Adoption wird dann als „wegwerfen" interpretiert. Hier wird etwas existentiell Wichtiges nicht gewürdigt, das man selbst nach leidvollen Jahren als den zentralen Lebens- und Eheinhalt betrachtet – und um das man sich unter Umständen mit viel Geld, unendlicher Geduld und zahlreichen medizinischen Manipulationen bislang erfolglos bemüht hat.

Aus dem Gespräch mit einer Adoptivmutter:

„Wenn ich so darüber nachdenke – also verstehen kann ich die Frauen ja wirklich nicht – aber ich kann mir schon denken, daß sie Angst haben, nicht klarzukommen ...

Es ist ja auch schwierig, wenn man das nie erlebt hat. Ich bekomme ja keine Kinder und habe da nur so theoretische Vorstellungen. Sehen Sie, ich leide auch ein bißchen darunter, daß ich keine eigenen Kinder haben kann. Nein, das ist falsch, heute ist es nicht mehr so, ich habe ja 2 Kinder, die sich sehr liebe. Aber ich habe doch mal sehr darunter gelitten, als ich das erfuhr. Und da hatte ich auch eine Zeit, da konnte ich keine schwangere Frau und keinen Kinderwagen sehen. Da kam ich nicht drüber weg, ich war unheimlich getroffen jedesmal ...

Bei einem Klassentreffen, da hatte die Hälfte schon Kinder und zeigte Fotos herum, und über was anderes konnte man eigentlich gar nicht mehr reden. Ich bin dann eher gegangen, weil ich das einfach nicht mehr hören konnte. Und dann kommt ja immer noch die Frage: Und ihr? Habt ihr schon Kinder? Warum denn nicht? Bist wohl zu emanzipiert – und all so ein Unsinn. Man kann doch niemandem sagen, daß man keine Kinder bekommen kann ...

Das ist etwas ganz Minderwertiges in den Augen mancher. Ich glaube, das ist dasselbe, wie wenn ein Mann impotent ist. Der zählt doch auch nicht. Das gehört zu einem vollständigen Menschen dazu, und wenn er das nicht hat, dann wird er nicht für voll genommen. Und bei Kinderlosigkeit ist es dasselbe. Das ist für manche auch eine moralische Frage, scheint mir. Als ob man das selber herbeigeführt hätte. Ich bin auch schon mal gefragt worden, ob das von einer früheren Abtreibung kommt. Ich hatte das Gefühl, daß diejenige dann sagen wollte: Na siehste, das ist eben die Strafe. Keine Kinder kriegen zu können, ist eben die Strafe für irgendwas ...

Und wenn jemand dann etwas hat, was man selber nie erreichen kann, und der es dann wegwirft, erscheint einem das schon ganz schön unmoralisch." (aus: Swientek, 1982, S. 105–106)

Bislang liegen nur relativ wenig Daten über Frauen vor, die ihre Kinder zur Adoption freigegeben haben oder freigeben wollen. Die einen stammen aus einer Untersuchung zur Adoption ganz allgemein, in der die leibliche Mutter bzw. die leiblichen Eltern *unter anderem* erwähnt werden (Napp-Peters, 1978). Es handelt sich bei dieser Arbeit um eine Analyse von Adoptions*akten,* die von *Adoptionsvermittlerinnen* nach einem bestimmten Frageschema vorgenommen wurde, *nicht* um eine Befragung konkret betroffener Frauen.

Die andere Untersuchung habe ich in den Jahren 1980 bis 1985 zu diesem Personenkreis durchgeführt: Ich habe 75 Frauen befragt, die irgendwann in der Vergangenheit ihr Kind bzw. ihre Kinder zur Adoption freigegeben haben. Die Freigabe lag 11 Tage bis 35 Jahre zurück. Die Frauen haben sich selbst bei mir gemeldet und sich zu langen Gesprächen, zu ausführlichen Briefwechseln – zeitweise über 3 Jahre – und zu telefonischen Interviews bereiterklärt. Sie haben ihre Tagebücher zur Verfügung gestellt, ihren Schriftwechsel mit Behörden, Gerichten, den Kindesvätern. Sie haben mir Gedichte geschickt, die sie an ihre Kinder gerichtet, nie jedoch abgeschickt haben (Swientek 1986).

Im folgenden werde ich die mir am wichtigsten erscheinenden Daten wiedergeben. Sie zeigen die *allgemeine* Situation auf, in der Frauen leben, die ihr Kind anderen Eltern zur Erziehung anvertraut haben. Über die *individuelle* Lage zum Zeitpunkt von Empfängnis, Geburt und Freigabe bei der einzelnen Mutter sagen diese Daten wenig aus – sie zeigen jedoch eine gewisse gleichbleibende, übergreifende und grundlegende Problematik, von der sich mit Sicherheit bei jeder „abgebenden Mutter" der eine oder andere Aspekt finden läßt.

Sozioökonomische Daten der leiblichen Eltern

„Die Mehrheit der Mütter der 1362 Kinder, die von dieser Untersuchung erfaßt wurden, hatte bereits bei verschiedenen Fürsorgestellen, freien Verbänden oder karitativen Einrichtungen Hilfe gesucht, bevor der Kontakt mit einer Adoptionsstelle zustande kam. Welche fürsorgerischen Hilfen der alleinstehenden Mutter zuteil wurden und inwieweit man bereit war, mit ihr Probleme der Freigabe und endgültigen Trennung von dem Kind zu erörtern oder Alternativen zu erarbeiten, die es ihr erlauben würden, das Kind selbst aufzuziehen, war dabei in das Belieben jeder einzelnen Stelle oder die persönliche Überzeugung der helfenden Person gestellt ...

Den meisten Müttern war während ihrer Schwangerschaft von ihrem Arzt oder einer befreundeten Person geraten worden, sich an eine familienfürsorgerische Stelle zu wenden, die für sie den Kontakt zu einer Entbindungsklinik oder einem Mutter-Kind-Heim herstellt. In der Klinik wurde die junge Frau an die zuständige Krankenhausfürsorgerin weitergeleitet, die herausfand, daß die alleinstehende Frau sich auch mit Adoptionsgedanken trug und sie daher an eine Adoptionsstelle weitervermittelte.

Viele Mütter, denen es nach Ablauf der gesetzlichen Schonzeit nicht gelungen war, eine Arbeit zu finden und einen Platz in einer Säuglingskrippe, wo tagsüber für das Kind gesorgt wird, kehrten in der Folgezeit wieder zu der Adoptionsstelle zurück." (Napp-Peters, 1978, S. 167)

Hinter dieser anschaulichen Schilderung der bislang größten deutschen Adoptionsuntersuchung verbergen sich Zahlen, die erklären, warum Frauen – mehr oder weniger „gezwungen" – nach Ablauf der Mutterschutzfrist zu einer Adoptionsvermittlungsstelle „zurückkehren". Sie hatten sie vorher schon einmal konsultiert, danach aber festgestellt, daß Adoption für sie nicht in Frage käme.

In der Untersuchung von Napp-Peters stellte sich heraus, daß „von den 1362 zur Adoption gemeldeten Kindern (...) 79% nichtehelich, 10% nominell ehelich (scheinehelich) und 11% ehelich geboren (wurden). Nur 79 Ehepaare der 149 ehelich geborenen Kinder leben zusammen, die übrigen sind geschieden oder leben getrennt." (Napp-Peters, 1978, S. 252)

Das *Alter der Mütter* lag bei der Meldung der Kinder zur Adoption in der überwiegenden Mehrheit zwischen 20 und 30 Jahren. 22% der Mütter waren über 30 Jahre, 3,7% über 40 Jahre alt (a. a. O., S. 254).

47% der Mütter waren ohne *Berufsausbildung*, 12% nur angelernt, nur 37% hatten eine Berufsausbildung erhalten. „Bei den Müttern überwiegt die ungelernte und abhängige Tätigkeit in Berufen, die in der Einkommensskala die untersten Positionen einnehmen, aber nach der Zahl der wöchentlichen Arbeitsstunden bei Kellnerinnen, Verkäuferinnen, Hausangestellten u. a. an der Spitze aller Arbeitnehmer stehen." (Napp-Peters, 1978, S. 256)

Rund 70% aller Mütter hatten für weitere Kinder aufzukommen, nur 30% gaben ihr (bislang) einziges Kind ab und hatten keine weiteren Kinder zu versorgen.

Die Kombination von mangelnder oder mangelhafter Berufsausbildung, entsprechend schlechter Verdienstmöglichkeiten bei besonders langen oder ungünstigen Arbeitszeiten, der Tatsache, daß die Mütter „alleinstehend" waren und außer dem zur Adoption gemeldeten Kind häufig noch ein oder mehrere weitere Kinder zu versorgen hatte – dies alles zeigt die ganze Problematik der Situation, in die ein Kind hineingeboren wurde und in der sich die Mutter zum Zeitpunkt von Geburt und „Abgabe" befand. Die „Zwangslage" wird deutlich – selbst dann, wenn es sich um eine Schwangerschaft handelte, die gar nicht grundsätzlich abgelehnt worden war. Die sozialen Hilfen von Staat und Kirchen, von Jugendämtern und freien Wohlfahrtsverbänden waren für die meisten dieser Fälle nicht ausreichend – vorausgesetzt, sie wurden den Müttern in einer Beratung überhaupt genannt. In zahlreichen Gesprächen mit Frauen stellte sich im nachhinein heraus, daß sie über mögliche Alternativen zur Versorgung des Kindes in ihrer sozioökonomischen Zwangssituation überhaupt nicht informiert worden waren. Die Hilfen wurden ihr entweder bewußt verweigert, oder aber sie wurden nicht eindrücklich genug dargelegt – vielleicht, weil erst auf diesem Wege die Freigabe, die der Staat fördern möchte, in Betracht gezogen und in die Wege geleitet werden konnte.

„Zusammenfassend läßt sich feststellen, daß die Forderung der Adoptionsrichtlinien, die Adoptionsvermittlung eines Kindes erst dann zu erwägen, ‚wenn nach eingehender Prüfung und Aussprache feststeht, daß das Kind auch mit fürsorglicher Hilfe nicht in seine natürliche Familie eingegliedert werden kann', in der vorgefundenen Adoptionspraxis kaum Realisierungschancen besitzt", schreibt Nap-Peters resümierend.

Diese „unterlassenen Hilfeleistungen" – wie schuldhaft oder institutionsbedingt auch immer – spiegeln sich wider in den **Gründen für die Freigabe des Kindes:**

31 % – überwiegend persönliche und familiäre Gründe: „Bei den meisten Müttern, die in dieser Gruppe zusammengefaßt sind, überwog die Angst vor sozialen Vorurteilen,

die Furcht vor verminderten Heiratschancen oder Gefährdung der Ehe und die Enttäuschung über den Vater des Kindes."

26 % – wirtschaftliche Gründe: „Diese Mütter begründeten die Freigabe ihres Kindes ausschließlich mit wirtschaftlichen Gründen und gaben außerdem an, zur Erwerbstätigkeit gezwungen zu sein und keine Unterbringungsmöglichkeiten für das Kind zu haben."

28 % – überwiegend wirtschaftliche sowie persönliche oder familiäre Gründe: „Für die meisten Mütter der Untersuchungsgruppe stellte die Adoptionsentscheidung den *Ausweg* aus einer *nicht mehr allein von ihnen zu bewältigenden Notsituation* dar, sei es, daß sie die Hoffnung aufgegeben hatten, ihr Kind noch einmal aus dem Heim herausholen zu können, sei es, daß sie keine Kraft mehr hatten, um Berufstätigkeit und Versorgung ihrer Kinder weiterhin zu bewältigen." (Napp-Peters, 1978, S. 261–264)

In meiner eigenen Untersuchung zeigt sich derselbe Trend, nur werden die Gründe von den betroffenen Frauen noch detaillierter und vielfältiger geschildert. Ohne Ausnahme gab es bei allen betroffenen Müttern schon während der Schwangerschaft oder zum Zeitpunkt der Geburt eine *Kumulation* von sozialen, finanziellen und psychischen Schwierigkeiten, die es den Müttern unmöglich machte, ihre Situation allein zu bewältigen. Mit wenigen Ausnahmen waren Schwangerschaft und Geburt erst der Anlaß für das Herausfallen aus ihren gewohnten sozialen Gebilden: Mit „Eingestehen" der Schwangerschaft wurden sie aus dem Elternhaus verstoßen, vom Partner und Kindesvater verlassen, von den bisherigen Freunden gemieden. Erst damit verloren sie oft auch die materielle Basis, die Wohnmöglichkeit, die Möglichkeit, sich selbst und später ggf. das Kind praktisch versorgen zu können.

Die beiden genannten Untersuchungen sind alt – inhaltlich aber nicht veraltet. Ganz allgemein verschieben sich die *Zahlen* zur Adoption insgesamt und zu „abgebenden Müttern" speziell. Ende der 90er Jahre gibt es jährlich zwischen 7000 und 8000 Adoptionen. Davon sind nur noch knapp 50 % sogenannte Fremdadoptionen, d. h., daß Erwachsene ein mit ihnen nicht verwandtes Kind adoptieren. Der Trend zur Fremdadoption ist rückläufig, weil weniger Kinder zur Adoption freigegeben werden (die anderen 50 % sind Familien-/Stiefeltern-Adoptionen). Im Gegensatz zu vor 20 Jahren werden weniger nichtehelich geborene Kinder und mehr Kinder aus Scheidungsehen zur Adoption „freigegeben" (d. h., auch ältere Kinder, die oft jahrelang in ihrer biologischen Familie gelebt haben).

Die „Abgabe"gründe sind im wesentlichen die gleichen geblieben: wirtschaftliche Probleme, fehlender Wohnraum und (die Angst vor) Überforderung bei der Erziehung der Kinder ohne Partner. Meistens sind diese Probleme gekoppelt: wenn das Familiensystem versagt, gibt es weder finanziellen noch persönlichen Rückhalt. Das bedeutet oft jedoch nicht ein Nicht-Können der Herkunftsfamilien der Kindeseltern, sondern ein Nicht-Wollen und eine mangelnde Verantwortlichkeit.

Wieweit Kinder aus schwer gestörten Verhältnissen zur Adoption freigegeben werden (Drogen, Aids, Kriminalität . . .) ist durch keine auch noch so kleine empirische Studie belegt – die sehr häufigen Aussagen dazu können durchaus hochgerechnete und verallgemeinerte Einzelfälle sein.

Diese Abwendung traf die Mütter zu einem Zeitpunkt, zu dem sie der Zuwendung in ganz besonderem Maße bedurft hätten. Sie erfuhren jedoch, daß sie durch die Schwangerschaft und durch das Kind (auf beides werden Mädchen und Frauen heute noch hinerzogen!) „unwert" geworden waren.

Die „Freiwilligkeit" der Abgabe

Selbstverständlich und mit gutem Recht nimmt jedes Adoptivelternpaar an, daß die Kindesmutter bzw. die Kindeseltern das Kind aus freien Stücken, nach reiflichem Überlegen und unter Abwägen aller denkbaren Alternativen zur Adoption freigegeben hat. Das Adoptionsrecht sieht auch keine anderen Voraussetzungen vor – mit der einen Ausnahme, die 1977 in der

Adoptionsgesetzgebung verankert wurde: Das Vormundschaftsgericht kann die Einwilligung der Eltern ersetzen, wenn diese einerseits die Einwilligung verweigern, sich andererseits um das Kind über einen längeren Zeitraum *nicht kümmern* (z. B. bei Heimunterbringung).

Dieser Ersetzungen der Einwilligung sind nach wie vor selten. In der Vermittlungspraxis wird über die immer noch zögerliche Haltung der Gerichte geklagt, die angeblich Elternrecht vor Kindesrecht setzen statt umgekehrt. In der Regel wird die Freigabe des Kindes zur Adoption per Unterschrift vor einem Notar geregelt – in voller Freiwilligkeit.

Mit dieser „Freiwilligkeit" hat es in der Praxis aber seine Bewandtnis. Juristisch mag sie in (fast) allen Fällen gegeben sein (sonst dürfte der Notar die Urkunde nicht unterschreiben lassen, oder sie wäre im nachhinein ungültig). Sozial und psychisch ist diese Freiwilligkeit aber oft *nicht* vorhanden. So machten die Mütter meiner Untersuchung folgende Angaben:

etwa ⅓ – ganz oder überwiegend freiwillig;

etwa ⅓ – durch die sozialen und/oder wirtschaftlichen Verhältnisse gezwungen;

etwa ⅓ – unmittelbar zur Abgabe des Kindes gezwungen, überredet, getäuscht, fehlinformiert worden.

Daß die Vermittlungsstellen sich insbesondere von der letztgenannten Kategorie distanzieren, liegt auf der Hand. Langwierige Gerichtsverfahren, Pressekampagnen, jahrelange Auseinandersetzungen zwischen Müttern und ihren Rechtsanwälten einerseits und den Jugendämtern und Vormundschaftsgerichten andererseits zeigen jedoch die Realitäten, über die nicht gesprochen wird – und von der auch ausnahmslos die Adoptiveltern nichts erfahren.

Die große Gruppe der Frauen, die zwar nicht durch Fortnahme oder üble Tricks zur Freigabe gezwungen wurden, sich jedoch aufgrund der sozialen Situation gegen ihren eigentlichen Willen gezwungen sahen (die Mütter unterscheiden diese Ausgangsbedingungen sehr wohl!), würde die Kinder gerne behalten. Voraussetzung wären materielle und soziale Bedingungen, die ein menschenwürdiges Zusammenleben von Mutter und Kind ermöglichen. Dazu gehören eine ausreichend große Wohnung, die auch finanzierbar ist, ein Lebensunterhalt, der über das Gerade-noch-Überleben etwas hinausgeht, ein paar Menschen, die sich mitverantwortlich fühlen, sich mal kümmern, mal einspringen, für ein paar Stunden pro Woche entlasten.

Die meisten Mütter kannten seinerzeit nicht ihre Rechte. Sie wußten weder von Mutter-Kind-Heimen noch von der Möglichkeit, Wohngemeinschaften zu bilden. Auch hatten sie nie von Tagesmüttern gehört und blieben unaufgeklärt über die Möglichkeiten, die Jahre bis zum Kindergarteneintritt des Kindes mit Sozialhilfe zu überbrücken. Erstaunlich ist, daß nur etwa ein Drittel aller Mütter, mit denen ich gesprochen habe, in Beratungssituationen vor der Freigabe und in der Adoptionsvermittlungsstelle über Alternativen zur Adoption informiert wurde. Kamen sie mit ihren Sorgen hilflos und ratsuchend zum Jugendamt – manche mit einer vagen Idee und Anfrage, wie es denn mit Adoption sei, von der sie allerdings nur sehr wenig oder nichts wußten, bei der sie insbesondere die Endgültigkeit nicht abschätzen konnten –, wurde oftmals von nichts anderem mehr gesprochen als von der Freigabe.

Anneke Napp-Peters hat in ihrer Untersuchung einen ähnlichen Trend festgestellt:

„Die Frage nach sozialen Hilfen für alleinstehende Mütter wurde von vielen Adoptionsvermittlern zunächst spontan mit ‚Adoptionsvermittlung‘ beantwortet. Eine Sozialarbeiterin stellte die Gegenfrage: ‚Sollte man eine Mutter überhaupt auf mögliche Alternativen zur Adoption hinweisen?‘

Um festzustellen, wie sehr sich die Sozialarbeiter der Forderung der Richtlinien verpflichtet fühlen, die Adoptionsvermittlung eines Kindes erst dann zu erwägen, ‚wenn nach eingehender Prüfung und Aussprache feststeht, daß das Kind auch mit fürsorgerischer Hilfe nicht in seine natürliche Familie eingegliedert werden kann‘, wurden sie gefragt, ob sie ein Kind zur Adoption vermitteln, wenn sich herausstellt, daß die Eltern aus überwiegend wirtschaftlichen Schwierigkeiten den Antrag auf Adoption gestellt haben. Nur 4 Stellen (6%) lehnten die Vermittlung eines Kindes aus wirtschaftlichen Schwierigkeiten der

Eltern ab. Von den 60 Stellen, die diese Frage zustimmend beantworteten, erklärten 6 Stellen (9%), sie hielten diese grundsätzlich bei nichtehelich geborenen Kindern für angebracht, bei ehelichen Kindern dagegen nur dann, wenn die Eltern geschieden sind ... Die Antwort der übrigen 50 Stellen lautete lapidar ‚Ja, wenn es im Interesse des Kindes ist'. Dabei ließ sich auch durch Nachfragen nicht feststellen, worin nach ihrer Ansicht das Interesse des Kindes liegt, in der Erlangung des ehelichen Status, der mit der Adoption erworben wird, in der wirtschaftlichen Sicherung durch die vergleichsweise bessergestellten Adoptiveltern oder in der Tatsache, daß das Kind nicht in einer sogenannten Teilfamilie aufwachsen muß.

Daß es dagegen auch im Interesse eines Kindes liegen kann, bei seinen natürlichen Eltern aufzuwachsen, auch wenn diese alleinstehend und wirtschaftlich ungesichert sind, wurde bei diesen Antworten nicht in Erwägung gezogen." (Napp-Peters, 1978, S. 175–176)

Auch zur Freiwilligkeit der Abgabe gibt es seit 10 Jahren keine konkreten Untersuchungen. Bei Fortbildungen für Adoptionsvermittler habe ich den Eindruck, daß sich die Einstellungen und die Vermittlungspraxis in die Extreme entwickelt haben: einerseits ein sehr viel vorsichtigeres Herantasten an die Möglichkeit einer Adoption und vermehrtes Anbieten von Alternativen (die Mütter-Kinder-WG gehört noch immer nicht zum Standardangebot von Jugendämtern!) und andererseits die kompromißlose Vermittlung in verschiedenen Klientenkreisen (z. B. auszuweisende Asylbewerberinnen).

Durch eine größere Öffentlichkeitsarbeit, das Bilden von Selbsthilfegruppen für alle drei von Adoption betroffenen Gruppierungen scheinen sich (potentiell) „abgebende Mütter" besser informieren zu können. Das Tabu, das diese Problematik bis vor 15 Jahren umgab, ist gelockert.

Die Mär vom „unbekannten Vater"

Wissen die Adoptiveltern schon über die leibliche Mutter ihres Kindes wenig, so wissen sie in der Regel über den Vater gar nichts. Von Beteiligtem zu Beteiligtem werden die Informationen geringer und oft bleibt nur das Wissen übrig, daß da eben auch ein Vater gewesen sein muß.

Durch die ganze Adoptionsthematik zieht sich das „Vater unbekannt" wie ein roter Faden. In der Untersuchung von Napp-Peters waren es 35% aller Väter, die in den Akten als nicht bekannt geführt wurden.

Diese Behauptung bringt viele Mütter in den Verdacht, daß sie aufgrund von „Mehrverkehr" nicht wüßten, wer der Vater sei, oder daß sie nur so lose, oberflächliche Beziehungen gehabt hätten, die ein Kennenlernen nicht ermöglichten.

In meiner eigenen Untersuchung waren es von 75 Frauen lediglich 2, die den Vater nicht angeben konnten: Eine Frau arbeitete als Prostituierte, die andere hatte den Kindesvater kennengelernt, als sie aus einem Erziehungsheim ausgerissen war und irgendwo Unterschlupf suchte.

Allerdings haben von sich aus mehrere Frauen den Kindesvater vor dem Jugendamt nicht angegeben, weil sie nicht wollten, daß er benachrichtigt oder sogar nach den Vorgaben des Adoptionsvermittlungsgesetzes auch noch zur Adoption befragt würde. Sie hatten jeweils mit ihm „Schluß gemacht", weil er die Verantwortung für Frau und Kind ohnehin nicht übernehmen wollte oder aber die Frau schon lange verlassen hatte. Sie wollten nichts wieder „aufwärmen", „anrühren"; sie wollten keine weiteren Konflikte mit diesem Mann mehr.

Einige Mütter berichteten jedoch auch, daß die Jugendämter zwar nach dem Kindesvater gefragt hätten, dieser jedoch nicht notiert – oder aber nur „als Zettel beigelegt" wurde, der jederzeit aus der Akte entfernt werden konnte. – Es wurde befürchtet, durch das Einschalten des Kindesvaters könne sich die Adoption verzögern.

Einige wenige Mütter hatten die Kindesväter überhaupt nicht von der Schwangerschaft unterrichtet. Es handelte sich dabei nicht um besonders „emanzipierte" Frauen, die meinten, alles allein schaffen zu wollen. Im Gegenteil: Besonders ängstliche und unsichere Frauen hatten eine panische Angst davor, ihrem ehemaligen Partner die Schwangerschaft „gestehen" zu müssen, die immerhin von ihm ausgelöst worden war. Sie fürchteten Beschimpfungen, Schläge, sie hatten Angst vor der Verachtung – und sehr große Schuldgefühle, überhaupt schwanger geworden zu sein. Sie hatten weitgehend die Einstellung, sie als Frauen seien für Empfängnisverhütung zuständig – und wenn es zu einer „Panne" komme, hätten sie die Folgen nicht nur allein zu tragen, sondern auch die volle Schuld liege bei ihnen. Diesen Konflikt versuchten sie dann durch die Einwilligung zur Adoption zu lösen – der Kindesvater erfuhr nichts, brauchte sich auch nicht zu stellen und blieb somit „unbekannt".

Adoptiveltern können bei der „Aufklärung" ihres Kindes also davon ausgehen, daß der Vater sehr wohl „bekannt" ist, sollten also auch bei den Vermittlungsstellen näher nachfragen, die oft mehr wissen, als sie von sich aus sagen. Eltern, die ihren Kindern später gestatten, die leibliche Mutter zu suchen (oder ihnen dabei sogar helfen), können davon ausgehen, daß die Mutter die fehlenden Informationen über den Vater geben kann. In manchen Fällen kann sie sogar noch nach 20 Jahren den Kontakt zu ihm herstellen. Es braucht um den Vater also nicht noch eine zusätzliche geheimnisumwitterte Atmosphäre aufgebaut werden, die für alle Beteiligten auch angsterzeugend wirkt: Wer weiß, was bei diesen Nachforschungen herauskommt ...

Zusammenfassend muß gesagt werden, daß das Gros der bundesdeutschen Adoptionen aufgrund sozialer und wirtschaftlicher Mißstände zustande kommt. Die oft zitierte „Unfähigkeit" der Mutter, ihr Kind zu erziehen, hängt neben besonders jugendlichem Alter weitgehend mit den mangelnden materiellen Möglichkeiten zusammen: mit der fehlenden Wohnung, mit Armut, mit mangelhaftem Wissen über Rechte, die gesetzlich abgesichert sind.

Sicher gibt es auch Eltern oder alleinerziehende Mütter, die ihre Kinder verwahrlosen lassen, die sie schlagen, die sich nicht um sie kümmern wollen, sie aber trotzdem nicht abgeben. Diese „Fälle" werden gerne von den Vermittlungsstellen als Gegenargument ins Feld geführt. Hier steht das Recht des Kindes im Mittelpunkt: Eine schnelle Herausnahme aus dem Milieu, ein Sorgerechtsentzug und die Adoptionsvermittlung sind die dringend anzuratenden Maßnahmen durch die Jugendhilfe. Wie viele dieser Fälle jedoch die Adoptionsszene ausmachen, ist schwerlich zu sagen, da sich die offiziellen Statistiken dazu bedeckt halten. Zumal bei Säuglingsadoptionen dürfte dieser Faktor in fast allen Fällen fortfallen.

Wer sich näher mit Adoptionen beschäftigt und seine größer werdenden Kinder über die Hintergründe aufklären will, wird kaum darum herumkommen, sich mit der bundesdeutschen Frauen-, Kinder- und Sozialpolitik auseinanderzusetzen. Hier liegen die tatsächlichen Gründe für die rund 3000 Fremdadoptionen pro Jahr in der Bundesrepublik.

Klippen – oder von der Brisanz, mit Kindern über soziale Probleme zu sprechen

Adoption ist das Ergebnis genereller oder partieller sozialer Ungerechtigkeit. Eine hohe Adoptionsquote in einem Land ist nicht Anzeichen für besondere soziale Einstellung, Kinderfreundlichkeit oder Nächstenliebe. Im Gegenteil: Dort, wo viele Kinder zur Adoption vermittelt werden, muß ein desolates Sozialsystem angenommen werden! Warum sonst würden Frauen ihre Kinder fortgeben und nicht selbst aufziehen?

Mit etwa 8 oder 10 bis 12 Jahren beginnt das adoptierte Kind die damalige Freigabeentscheidung der Mutter zu hinterfragen. Es weiß inzwischen (hoffentlich!): „Die Mutter *konnte* mich nicht behalten." Mit zunehmender Weltsicht, mit zunehmender Gabe, die Umwelt umfassender wahrzunehmen und Zusammenhänge zu erkennen, fragt das Kind weiter – und diese Fragen gehen über das Individuelle weit hinaus. Hier ist nicht mehr die Einzelentscheidung einer Frau vor 10 oder 12 Jahren gefragt, sondern das gesellschafts- und sozialpolitische System.

Adoptiveltern, die sich diese Sichtweise nicht aneignen wollen, können nicht wahrheitsgemäß aufklären! Sie müssen zwangsläufig in den individuellen Symptomschilderungen steckenbleiben und können letztendlich in ihren Antworten nicht befriedigen. Kinder und von „Diplomatie" noch unverbildete Jugendliche hören sehr genau hin, fragen sehr genau und hartnäckig nach und moralisieren. Sie werden in ihrem Nachfragen sehr persönlich – und wir Erwachsenen tun gut daran, uns unsere Antworten *vorher* zu überlegen.

Die Fragen von Kindern und Jugendlichen zielen auf Stellungnahmen, an denen sie sich orientieren können. Für die Eltern und Erzieher bedeutet dies, daß sie selbst eine Orientierung gefunden haben oder aber gemeinsam mit dem älteren Kind und in langen Diskussionen mit ihrem pubertierenden Sprößling Orientierungen suchen müssen.

Armut in einem reichen Land

Untersuchungen in drei reichen Industriestaaten der Welt – USA, Schweden, Bundesrepublik Deutschland – zu den Motiven von leiblichen Eltern bzw. Müttern, ihre Kinder zur Adoption freizugeben, kommen zu fast übereinstimmenden Aussagen: Zwischen 50 und 60% der Adoptivkinder wurden und werden aus überwiegend oder ausschließlich wirtschaftlichen Gründen freigegeben. (In anderen Ländern dürfte diese Quote nicht niedriger liegen, nur erschreckt sie gerade für diese Staaten in ganz besonderem Maße!)

„Materielle Schwierigkeiten" bedeuten nicht eine lediglich spürbare Einschränkung, die sich jeder auferlegen muß, der Kinder bekommt, sondern auch:
– Wohnungslosigkeit,
– Obdachlosigkeit,
– Leben im sogenannten Schlichtwohnungsmilieu,
– Leben auf engstem Raum (eine der wesentlichen Kindesmißhandlungsursachen!),
– soziale Isolation durch Armut,
– Diskriminierung als Sozialhilfeempfänger,
– mangelnde Erziehungs- und Bildungschancen für das Kind.
Manche Sozialarbeiter in der Adoptionsvermittlung und viele Adoptivbewerber stehen diesen Fakten meist äußerst verschlossen gegenüber. Teilweise sind sie über das Leben in anderen als Akademikerkreisen überhaupt nicht informiert, teilweise leugnen sie schlicht, daß eben doch nicht jeder „den Marschallstab im Tornister" hat: „Jeder ist seines Glückes Schmied."
„Ich habe es auch aus eigener Kraft geschafft" und „Die Leute warten alle immer nur darauf, daß der Staat ihnen hilft, ohne selber zuzufassen", sind die gängigen und immer wiederkehrenden Antworten.

Derjenige, der es nicht „geschafft" hat, ist also schlichtweg unfähig, träge, nicht ausreichend motiviert, faul, teilweise auch erblich vorbelastet.

Das zweite Argument ist aus der Sicht von langjährig wartenden Adoptionsbewerbern ebenso verständlich wie scheinbar einleuchtend: Wenn die leiblichen Eltern es nicht schaffen, ist das kein Problem. „Es gibt doch uns ... wir stehen zur Verfügung ... wir schaffen es ... wir können ihnen und ihren Kindern helfen ... wir können ihnen (bzw. dem Staat) diese Aufgabe abnehmen ..."

Diesen Menschen bleibt unverständlich, warum weniger privilegierte, unvermögende, unsichere Eltern zur Kindererziehung auf den verschiedenen Ebenen erst befähigt werden sollen – wenn doch angeblich fähige Adoptionsbewerber bereits zur Verfügung stehen und die Aufgabe der Kindererziehung nur allzu gerne übernehmen würden. Dies ist gleichzeitig die Kernfrage einer Adoptionsvermittlung, die mit den sozialen Bedingungen abgebender Eltern konfrontiert wird. Sie mündet in die ebenso schlichte wie in der Vermittlungspraxis alltägliche und gleichzeitig nicht zu beantwortende Frage ein: „Wo hat es ein Kind besser?"

Diese Argumentationen sind geprägt von einem alles durchdringenden materiellen Denken: Alles ist erreichbar, machbar, käuflich.

Ein eigenes Haus mit Grundstück in bevorzugter Lage in Waldorfschulnähe, wo „man" unter sich ist, finanzielle Verhältnisse, die dem Kind Tennisunterricht ebenso wie Geigenstunden und notfalls eine gute Kinderpsychotherapie garantieren – das *müssen* nach den gängigen Denkschemata bessere Voraussetzungen für die Erziehung sein als eine zu kleine Mietwohnung, Abhängigkeit von der Sozialhilfe oder eine abgehetzte, berufstätige Mutter, die sich keine Halbtags-Haushaltskraft leisten kann.

Die Einstellung, eine „gute" Erziehung lasse sich an diesen Gütern messen, ist ebenso fragwürdig wie die Überzeugung, daß die Sozialprobleme ganzer Bevölkerungsteile sich durch eine partielle Umschichtung von unten nach oben lösen lassen! Vergleichsuntersuchungen innerhalb der Adoptionsvermittlung fehlen zu diesem Aspekt. Die Frage muß jedoch ganz anders gestellt werden: Wer hat das Recht, darüber zu entscheiden, wo es ein Kind „besser" hat, wer Kinder haben darf, wem sie fortgenommen werden sollen und wer mehr oder weniger dazu überredet werden soll, sein Kind „freiwillig" abzugeben, weil die sozialen Bedingungen nicht ausreichend sind.

Wenn Adoptiveltern nicht an diese Probleme denken (überwiegend, weil ihnen das entsprechende Wissen über soziale Probleme einerseits und abgebende Eltern andererseits fehlt), sollten sie sich mit ihnen vertraut machen, indem sie Zeitung lesen, indem sie sich mit sozialen und sozialpolitischen Themen befassen, indem sie einige von den hinten angegebenen Adoptionsbüchern lesen, indem sie die Augen offenhalten und sehen, was in unserer (un-) sozialen Umwelt alles geschieht. Ihre Adoptivkinder werden daran denken, sie werden danach fragen – und sie wollen Antworten! Warum hat eine Mutter für sich und ihr Kind in unserem Land keine Wohnung? Warum gibt es Obdachlose und warum hilft diesen Menschen niemand? Warum wird eine Mutter zu wenig unterstützt, wenn sie schwanger ist? Wie soll eine Frau von Sozialhilfe ihr Kind großziehen? – Das sind Fragen von *Kindern!* „Was habt ihr getan?" und „Was können wir zusammen tun?" sind die Folgefragen. Das Ausmaß von sozialer Identität, Gemeinschaftsgefühl, Verantwortungsbewußtsein und Nächstenliebe sind die Ergebnisse der elterlichen Antworten.

Dritte-Welt-Problematik

„Warum nur mußte das sein? Warum mußte das diesem Kind geschehen, dem schon so viel geschah? Warum uns? Es gibt viele Fragen, auf die man keine Antwort findet, weil es keine darauf gibt, und dann schickt man sich drein.

‚Es ist einfach', sagte Peter. ‚Das Kind ist so krank, weil es aus der Dritten Welt kommt, und wir haben ein krankes Kind, weil wir es adoptiert haben'.

Aber warum hat es keinen Arzt gegeben? Warum hatte die Mutter nicht das Geld, um einen Arzt und die Medizin zu bezahlen? Vielleicht hätte sie einen Arzt gefunden, der das Kind umsonst behandelt hätte? Warum war sie so uninformiert, oder warum hatte sie die Hoffnung aufgegeben, danach zu suchen? Warum mußte sie mit ansehen, wie ihr Kind vor Schmerzen schrie? Warum hat sie es schließlich verlassen? Wieso konnte das alles sein?

Ich weiß ja, überall können Kinder krank werden. Aber was dann geschieht, ist gemacht, und wenn nichts geschieht, ist es Verweigerung von Hilfe oder Fahrlässigkeit, und das bedeutet Körperverletzung oder Tod.

‚Manchmal glaube ich, es ist mehr', sagte Peter. ‚Es ist der vorsätzliche Entzug des Lebensnotwendigen. Man nimmt in Kauf, daß jemand stirbt. Es ist ein Sterbenlassen.'

‚Stell Dir vor, wir hätten gar nichts von dem Kind gewußt. Dann wäre es gestorben, ohne daß wir es gewußt hätten, und wir hätten nichts gefühlt. Es wäre eines von den 25 Millionen Kindern gewesen, von denen wir wissen, daß sie in jedem Jahr dort sterben.' "

(aus: Maria Wimmer: „Wer Tränen abwischt, macht sich die Hände naß")

Nicht anders als die Fragen nach der „heimischen" Armut gestalten sich Fragen und Antworten zwischen Eltern und deren Adoptivkindern, die aus Südamerika, Indien oder Äthiopien stammen. Mit dem „ausbleibenden Regen" und der darauffolgenden schlechten Ernte, mit dem Hinweis auf den individuellen Kinder-„Reichtum" der leiblichen Eltern, die nach der Adoption eben nicht mehr 11, sondern nur noch 10 Kinder zu ernähren haben und diese Aufgabe nun wesentlich besser bewältigen – damit können noch Fragen 6- bis 8jähriger Kinder beantwortet werden. Die der 12- bis 16jährigen reichen weiter (wenn nicht bis dahin schon vermittelt wurde, daß es auf der Welt eben Fähige und Unfähige gibt!).

Fragen von Herrschaft und Macht, Geld und Ignoranz, päpstlicher Verhütungsverbote und bewußtem Vorenthalten von Informationen und Bildung, Wirtschaftsinteressen und Ausbeutung menschlicher Arbeitskraft stehen hier zur Diskussion – und nicht die individuelle Unfähigkeit einer alleinstehenden Frau, im Slum einer Millionenstadt mit 6 Kindern klarzukommen!

Die „Aufklärung" eines Kindes aus einem sogenannten Entwicklungsland berührt nicht nur Fragen der Sozialpolitik in dessen Heimatland. In ganz besonderem Ausmaß wird auch die Motivation der Adoptiveltern angesprochen, ein Kind aus einem Entwicklungsland aufgenommen zu haben. Die „Wahrheit" zu sagen – nämlich daß ein bolivianisches oder südindisches Kind nur deshalb aufgenommen wurde, weil für deutsche die Wartezeiten zu lang sind –, dürfte ein Kind zutiefst verletzen. Die 2. „Wahrheit" – mit diesem Schritt ein Stück ganz persönlicher Entwicklungshilfe leisten zu wollen – wird spätestens dann von dem Jugendlichen in Frage gestellt, wenn er sich näher mit Entwicklungshilfe und mit den Lebensbedingungen in seinem Herkunftsland befaßt.

Mit dem Geld, das seine Adoptiveltern allein für die Vermittlung, für Behörden, Anwälte, die Beschaffung von Papieren sowie deren Übersetzung bezahlt haben – ganz abgesehen von den Flugkosten für das Kind und eine Begleitperson –, ließe sich eine vielköpfige Familie (die Familie des Kindes?) über einen langen Zeitraum ernähren. Mit dem Geld, das die Aufzucht dieses *einen* Kindes von Geburt (oder Aufnahme in die Familie) bis zur Volljährigkeit ohne Gesundheits- und Bildungswesen, ohne weitere staatliche Leistungen, ohne Studium kostet (etwa 180000.– DM), könnten bei gezieltem Einsatz im Heimatland des Kindes grundlegende infrastrukturelle Veränderungen eines kleinen Gemeinwesens erzielt werden! 180000.– DM für das Aufwachsen eines Kindes bis zu seiner Volljährigkeit, etwa 250000.– DM bis zum Abschluß einer qualifizierten Ausbildung oder eines Studiums kostet die *individuelle* „Entwicklungshilfe" für *ein* Kind. Gleichzeitig wird es aus seinem Kulturkreis herausgenommen – verbunden mit allen Problemen von Isolierung und Diskriminierung, Ab- und Besonderung, Entwurzelung und Entfremdung.

Stünde nicht das überwiegend egoistische Interesse der Annehmenden hinter der Aufnahme des Kindes („Wir wollen ein Kind haben!"), sondern tatsächlich der Entwicklungshilfegedanke, dann könnte diese Summe bereits ausreichen, ein gesamtes Dorf zu „entwickeln"!

Eltern mit Kindern aus „Entwicklungsländern" brauchen gute Argumente – zumal dann, wenn sie ihren Kindern ihre Identität als

Vietnamesen, Peruaner oder Inder erhalten wollen! Eine „deutsche" Identität ist aufgrund vielfältiger Umstände kaum zu begründen!

Prostitution

Adoptivbewerber berichten immer wieder übereinstimmend, daß sie per Fragebogen oder mündlich gefragt werden, ob sie auch das Kind einer Prostituierten „nehmen" würden. Ausnahmslos berichten sie über ein (zumindest kurzfristiges) Erschrecken. Manche würden gerne spontan ablehnen, ahnen jedoch, daß ihnen eine verneinende Antwort negativ ausgelegt würde. Andere überdenken diese Frage später, sagen vom Verstand her „ja", vom Gefühl her aber „nein". Begründungen können sie oft dafür nicht angeben: Sie ahnen ihre Vorurteile, wissen, daß sie nichts wissen, und fühlen sich unwohl! Die Vermittlungsstellen – in der Regel Jugendämter – fragen in diesem Zusammenhang auch nach möglicher Aufnahme von Kindern mit weiteren „normabweichenden" Merkmalen – wie z. B. körperlicher oder geistiger Behinderung, Sucht der Mutter, Kriminalität des Vaters usw. Sie wollen mit den Fragen „testen", wie selektiv die Adoptivbewerber vorgehen, für wie „tolerant" sie einzustufen sind, welchen Belastungen sie sich gewachsen fühlen.
Sie erreichen jedoch etwas ganz anderes – sie bereiten einen Boden für Vorurteile: Kinder, die zur Adoption freigegeben sind, stammen von „normabweichenden" Eltern! Abgegebene Kinder sind von daher „minderwertiger", gefährdeter, gegebenenfalls sogar für soziale Konflikte später anfälliger.
Diese Überlegungen und Gefühle werden in der Vermittlungsphase meistens nicht angesprochen. Adoptivbewerber sind klug genug zu wissen, daß sie sich damit aller Chancen begeben würden – aber sie empfinden so! Aber in vermittlungsunabhängigen Gesprächen – etwa in Vorbereitungsseminaren ohne Beteiligung von vermittelnden Behörden – werden derartige Gefühle angesprochen! Daß Adoptivkinder aus *allen* sozialen Schichten stammen, daß ihre „Verteilung" der statistischen Verteilung der

Bevölkerung entspricht, ruft bei den Adoptivbewerbern fast immer ein Aha-Erlebnis und ein ungläubiges Staunen hervor. Denn von seiten der Vermittlungsbehörden werden (Vor-)Urteile über den generellen Randgruppenstatus der „anderen Seite" des Adoptionsgeschehens kaum korrigiert.

Der Anteil von Prostituiertenkindern bei den zur Adoption freigegebenen Kindern liegt nach verschiedenen Untersuchungen zwischen 2 und 10%. Kleinstädte und ländliche Gebiete weisen eher eine Nullrate auf im Gegensatz zu Groß- und Hafenstädten, die 6–10% melden. Ein Prostituiertenkind zu bekommen ist also relativ selten.

Auch stellt sich die Frage, was an diesen Kindern „Besonderes" sein soll! Sie haben *eine* Mutter und *einen* Vater, wobei dieser in der Regel nicht bekannt ist. Da die Vermittlungsstellen seit der Neuregelung des Adoptionsvermittlungsgesetzes ohnehin mehr und mehr die Väter lieber als „unbekannt" oder „nicht aufzufinden" ausgeben, statt sie (wie das Gesetz es befiehlt) nach ihrer Stellungnahme zur geplanten Adoption zu fragen, dürfte diesem nun tatsächlich unbekannten Vater eigentlich kaum mehr Gewicht beigemessen werden! Nach der neuesten Untersuchung zur Adoptionsvermittlung aus Hamburg liegt der Anteil angeblich unbekannter Väter bei knapp 60%!

Außerdem stammen die Kunden von Prostituierten aus *allen* Gesellschaftsschichten. Die „Chance", auf diesem Wege z.B. zu einem Akademikerkind zu kommen, ist also sogar größer als bei „herkömmlichen" Adoptivkindern!

Es gibt keine Hinweise darauf, daß Prostituierte oder ihre Kinder genetisch anders strukturiert sind als die Allgemeinbevölkerung. Per Erbgut kann eine – wie auch immer geartete – Gefährdung nicht weitergegeben worden sein.

Die „Gefahr" für ein Adoptivkind, das von einer Prostituierten abstammt, liegt hingegen ganz woanders: Sie ist gegeben durch die meist uneingestandenen Vorurteile der Adoptiveltern und durch die unreflektiert daraus resultierenden Ängste, das Kind – insbesondere das Mädchen – könne „genauso werden wie die Mutter". Spätestens beim ersten Freund mit 14 Jahren, beim Wunsch, die Pille nehmen zu dürfen, beim ersten Erwischtwerden während des

Pettings durch die Eltern taucht bei diesen das unverarbeitete Wissen über die Herkunft der Tochter auf – verknüpft mit der Assoziation: also doch!

Um die Tochter vor dieser Entwicklung zu bewahren, werden erzieherische Maßnahmen ergriffen: Die führen dann erst zu einer Entfremdung, zu gegenseitigem Mißtrauen, zu einer Flucht nach draußen, zu einer möglicherweise verfrühten und deswegen immer wieder scheiternden Partnersuche. Dieser Vorgang ist unter der Bezeichnung der „sich selbst erfüllenden Prophezeiung" bekannt. Das Ergebnis *kann* genau das sein, das die Eltern durch ihre Maßnahmen zu verhindern suchten: die vorübergehende oder generelle Hinwendung zum Prostituiertenmilieu. Wurde die Tochter über ihre Herkunft bzw. über den mütterlichen Beruf aufgeklärt, besteht diese Gefahr in noch viel stärkerem Maße: Die Identifikation mit der unbekannten Mutter und die Annahme der von den Adoptiveltern befürchteten („ererbten"!) Negativrolle *können* dieses Ergebnis hervorbringen.

Bei allem Plädieren für vollständige Wahrheit in der Aufklärung von Adoptivkindern sollte man in diesem Fall *eine Ausnahme* machen. Solange Prostitution noch angesiedelt wird in einem undurchdringlichen Sumpf von sexueller Triebhaftigkeit, Alkoholismus, Geistesschwäche, Minderwertigkeit und moralischer Abartigkeit, von Schmutz und geschädigter Erbsubstanz – so lange würde ich dafür plädieren, daß den Adoptiveltern der Beruf der Mutter und die Umstände der Empfängnis des Kindes *nicht* mitgeteilt werden. Prinzipiell dürfte es für die Erziehung eines Kindes keine Rolle spielen, ob die Mutter, die es geboren hat, ihren Lebensunterhalt am Schreibtisch, am Ladentisch oder in einer Nachtbar verdient hat. Bedeutung bekommt diese Tatsache erst, wenn sie moralisch gewertet und an das Kind weitergegeben wird. Wissen die Eltern vom Beruf der leiblichen Mutter, sollten sie sich in ihrer Haltung dazu genau prüfen und überlegen, ob und was sie an das Kind an Informationen weitergeben. Ist für sie Prostitution etwas moralisch Verwerfliches und Schmutziges, sollten sie das Kind über den Status der Mutter auf gar keinen Fall „aufklären". Auch nicht und besonders dann nicht im Fall von Erziehungsproblemen, Hilflosigkeit oder sogar als gutgemeinte Warnung. Ist die Prostitution für sie ein Beruf wie jeder andere, werden sie diese Einstellung weitervermitteln können, wenn sich diese „Aufklärung" nicht vermeiden läßt!

Das schließt aber nicht aus, daß das Kind oder der Jugendliche durch anderweitige und vielfältige Informationen in Schule und Jugendgruppe, auf der Straße und durch Literatur ein weniger tolerantes Verhältnis zu dieser Art, seinen Lebensunterhalt zu verdienen, hat. Entsprechend wird er unter diesem Wissen leiden. Aus pädagogischen und humanen Gründen sollte sowohl Adoptiveltern als auch Adoptivkindern dieses Wissen vorenthalten werden. Diese „Wahrheit" kann in keinem Fall nützen, sie kann nur schaden. Daß sie „neutral" verwertet wird, ist kaum anzunehmen – die Gefahr einer Beeinträchtigung der Erziehung und des kindlichen Aufwachsens ist hingegen denkbar groß. Sollte der Adoptierte im Erwachsenenalter später seine Mutter suchen wollen und sie auch finden, ist er aufgrund von Alter und Reife eher in der Lage, diese Tatsache zu verarbeiten – falls sie dann im Leben der Mutter überhaupt noch eine Rolle spielen sollte. Viele Prostituierte gehen dieser Tätigkeit nur einige Jahre nach, hören dann auf und wenden sich durchaus „bürgerlichen" Berufen zu oder heiraten und werden Hausfrau und Mutter. Ob möglicher Alkoholismus, Drogensucht oder Geschlechtskrankheiten den Adoptiveltern gemeldet werden müssen, weil sie in den Zeitraum von Empfängnis, Schwangerschaft und Geburt fielen, sollte der einzelne Adoptionsvermittler gegebenenfalls mit Hilfe eines Arztes von Fall zu Fall entscheiden. Mit diesem Hinweis soll jetzt jedoch nicht das nächste Vorurteil fixiert werden, daß nämlich Prostituierte generell diese Krankheiten aufzuweisen hätten!

Vergewaltigung

„Ich bin in einer nicht gewaltlosen Nacht entstanden", schreibt ein erwachsener Adoptierter in seiner Biographie und gibt zu erkennen, daß diese Tatsache für sein ganzes Leben nicht ohne Bedeutung war. Der Wunsch nach „guten" Eltern hat sich für ihn von Anfang an nicht erfüllt: Sein Vater ist ein Vergewaltiger!

Bislang dürften Kinder, die durch Vergewaltigung entstanden sind, relativ selten zur Adoption gelangt sein. Die strafrechtliche Indikation des § 218 StGB sicherte Frauen in dieser Situation einen relativ problemlosen Schwangerschaftsabbruch zu. (Häufiger allerdings sind Kinder aus sog. Blutschande-Beziehungen, aus dem sexuellen Mißbrauch des Vaters an seiner Tochter, die aufgrund ihres sehr jugendlichen Alters über die Möglichkeiten und das Verfahren des Abbruchs nicht informiert war.).

Ganz aktuell wird dieses Problem jetzt allerdings durch den Krieg im ehemaligen Jugoslawien mit den gezielten und organisierten Massenvergewaltigungen der jeweiligen „Gegnerinnen". Während ich diesen Abschnitt schreibe, melden Zeitungen die ersten Geburten aus diesen Verbrechen. Viele dieser Kinder werden zur Adoption freigegeben werden bzw. werden unmittelbar nach der Entbindung von ihren Müttern im Krankenhaus zurückgelassen.

Ebenso wie bei der mütterlichen Prostitution plädiere ich in diesem Fall für eine sehr zurückhaltende Aufklärung. Die Frage muß immer sein, was es einem Kind *nutzen* kann, zu wissen, daß seine Mutter monatelang in einem Lager von Dutzenden von Soldaten vergewaltigt worden und es selber aus einem dieser verbrecherischen Akte hervorgegangen ist!?

Dieses Wissen kann nur schaden! Das Kind, der Jugendliche wird nicht umhinkönnen, sich in der Phantasie immer und immer wieder mit dieser Situation zu beschäftigen! Wir haben keine wissenschaftlichen Erkenntnisse darüber, wie Menschen (die z.B. bei den Vergewaltigungen nach dem 2. Weltkrieg gezeugt worden sind) *sich selber* erleben, wenn sie von diesen Ungeheuerlichkeiten erfahren. Mutmaßungen dürften hier ausnahmsweise einmal ausreichen, um Gnade vor Wahrheit walten zu lassen!

Aber *was* soll diesen Kindern nun gesagt werden? Vielleicht reicht es, ihnen von den Kriegswirren, der Flucht und der tiefen Armut zu erzählen, die die kriegerischen Auseinandersetzungen für viele Frauen und Männer mit sich gebracht haben – und davon, daß der Vater eben unbekannt ist!

Es gibt mit ziemlicher Sicherheit Wissen, mit dem der (heranwachsende!) Mensch nicht gut leben kann. Wir sollten nicht unbedingt ausprobieren wollen, wie weit diese Ahnung für den Einzelnen zutrifft! Die gutgemeinte Maßnahme Adoption zur Rettung dieser Kinder kann meines Erachtens ein solches grauenhaftes Wissen kaum aufwiegen! Erfährt der erwachsene Adoptierte später durch Lektüre von diesen Verbrechen, ist er hoffentlich soweit stabilisiert, daß er diese Wahrheit und sein Entstehen akzeptieren kann. Kinder und Jugendliche können es nicht ohne Folgen! Und ich kann mir keinen erwachsenen Adoptierten vorstellen, der es seinen Adoptiveltern übelnimmt, wenn sie ihm *dieses* Wissen vorenthalten haben, als er noch ein Kind war!

Nichtehelichkeit

Liest man Adoptionsberichte und Adoptionsuntersuchungen aus den USA, erstaunt die krasse Beurteilung von Nichtehelichkeit. Adoptiveltern scheinen größte Schwierigkeiten zu haben, ihren Kindern mitzuteilen, daß sie außerhalb einer Ehe geboren wurden. Die „Schande" der Mutter ist auch die „Schande" des Kindes. Über die Nichtehelichkeit wird geschwiegen, die Aufklärung darüber geschieht nicht selten im Flüsterton. Dabei wird sie als *der* wesentliche Grund für die Adoptionsfreigabe überhaupt genannt. Durch die Adoption wird symbolisch der alte Status wiederhergestellt – vorausgesetzt, daß alle Wissenden und Beteiligten in Zukunft darüber auch schweigen werden!

Auch in der Bundesrepublik Deutschland ist die ledige Mutter noch immer diskriminiert – nicht zuletzt auch durch Gesetzgebung (Steuerrecht u. a.) und durch das Verhalten der Kirchen (z. B. Kündigung bei nichtehelicher Mutterschaft).

„Komme mir nur nicht mit einem Kind nach Hause!" gehört auch heute noch zu den wesentlichen elterlichen Aussagen innerhalb der Sexualerziehung. Kommt die junge Frau dann doch schwanger nach Hause, ist auch heute das Entsetzen, die Angst vor den Nachbarn („Schande"), die Diskriminierung innerhalb vieler Familien groß.

Eine Untersuchung zu den Abgabemotiven (Swientek, 1986) zeigt deutlich, daß die gefürchtete Schande für viele Eltern der Grund ist, ihre schwangere Tochter zur Adoptionsfreigabe des Kindes zu zwingen, zu überreden – oder sie über die Verweigerung von Hilfe in der Zukunft zur Freigabe zu „motivieren". 70–80% aller zur Adoption freigegebenen Kinder wurden nichtehelich geboren. Dabei ist der Geburtsstatus als solcher nicht ausschlaggebend gewesen – es sind die psychosozialen Folgen der Schwangerschaft und der nichtehelichen Geburt: Verlassenwerden durch den Partner, Hilfeverweigerung durch die Eltern, Verlust der Arbeitsstelle, unzureichende Wohnverhältnisse und Angst vor alleiniger Verantwortung für das Kind.

In der Bundesrepublik Deutschland werden jährlich knapp 60 000 Kinder nichtehelich geboren. Weniger als 30 % von ihnen werden durch nachfolgende Eheschließung der Kindeseltern „legitimiert". Die Tendenz ist sinkend. Ledige Mutter zu sein ist heute weniger verwerflich als noch vor 20 oder 30 Jahren. Zur Zeit leben etwa 170 000 nichteheliche Kinder unter 18 Jahren bei ihren ledigen Müttern und schätzungsweise 1000 bis 2000 bei ihren ledigen Vätern.

Wieweit dieser Status von den Müttern ursprünglich gewollt war, läßt sich nicht angeben. Die befürchtete Tendenz „Kind ja – Mann nein" scheint ausgeblieben zu sein. Auch wenn Frauen sich im nachhinein mit ihrer Alleinerziehendenrolle zufrieden erklären, bedeutet das nicht, daß ihr ursprüngliches Lebenskonzept nur diese Lebensform vorsah. Viele dieser Frauen schätzen jedoch die Institution Ehe mit ihrem jeweiligen Partner für so brüchig ein, daß sie lieber relativ konfliktfrei das Kind nichtehelich austragen als sich nachträglich einer kostspieligen und aufreibenden Scheidung zu unterziehen. Der größte Anteil lediger Mütter scheint jedoch „nicht geheiratet worden zu sein": Die Kindesväter erklärten bei Bekanntwerden der Schwangerschaft, nicht heiraten zu können (weil sie bereits verheiratet sind – ca. 20%) oder nicht heiraten zu wollen. Sie fühlten sich zu jung, ihre Partnerin sei nicht die richtige Ehefrau oder sie wollten sich nicht fest binden.

Die Diskriminierung lediger Mütter und ihrer Kinder in der heutigen Zeit ist eines der deutlichsten Symptome der herrschenden „doppelten Moral". Vorehelicher Geschlechtsverkehr wird nicht nur geduldet, sondern es werden Jugendliche und junge Erwachsene geradezu herausgefordert durch Massenmedien, einseitig orientierte Sexualpädagogik und eine sexualisierte Werbung. Nichteheliche Schwangerschaft ist insofern „nur" die logische Konsequenz – es sei denn, daß sorgfältig verhütet wird. Wird demnach nur nachlässiges Verhütungsverhalten bestraft? Oder wird sanktioniert, daß einer der (werdenden) Elternteile nicht gewillt ist zu heiraten?

Die negative Bewertung der Nichtehelichkeit folgt anscheinend einer unreflektierten Norm, nach der „man" nur achtbares Elternteil sein kann, wenn man eine Heiratsurkunde in der Küchenschublade vorzuweisen hat. Über die Qualität einer solchen Ehe braucht dabei nichts ausgesagt zu sein. Selbst die Eheschließung im Kreißsaal (üblicher Standesbeamtenjargon: „Geht's noch oder müssen wir mitkommen?") mit einer anschließend geplanten Scheidung gilt noch als „anständiger" als eine in Ruhe und Selbstverständlichkeit ausgetragene Schwangerschaft außerhalb der Ehe.

Adoptiveltern müssen sich über ihre Einstellung zur Ehe bzw. zur Nichtehelichkeit klar werden. Sind sie in der Lage, ihrem Adoptivkind zu vermitteln, daß 2 Menschen sich liebten, ein Kind gezeugt haben, sich dann jedoch nicht in der Lage sahen, auch zu heiraten? Oder ist Nichtehelichkeit für sie der Ausdruck von Sünde, Schande und normabweichendem Verhalten? Je negativer dieses Faktum bewertet wird, um so problematischer wird die Mitteilung an das Kind. Es spürt sehr genau, was seine Adoptiveltern über seine leibliche Mutter denken – mitgeteilter Inhalt, Tonlage, Mimik und Gestik verraten mehr als bewußt gesteuerte Sozialinformation.

Zwischen nichtehelicher und ehelicher Geburt liegt unter Umständen nur ein Zeitraum von wenigen Stunden. Dieser kann nicht für Moral oder Unmoral herhalten. Eine Einstellungsänderung in diesem Bereich wäre für die gesamte Bevölkerung vonnöten. Adoptiveltern werden sich mit diesem Thema besonders auseinandersetzen müssen, insbesondere wenn sie selber eine relativ rigide Sexualerziehung genossen haben, die auch ihre eigene Kinderlosigkeit beeinflußt.

Was sagen? Wie reagieren? Mache ich es falsch? Wie machen es andere? Das sind Fragen, die sich immer wieder alle Erziehenden stellen. Bei vielen Adoptiveltern scheint die Erziehungsunsicherheit noch größer zu sein als bei biologischen Eltern. Einerseits fühlen sie sich „anders" verantwortlich („So, als ob uns dieses Kind nur geliehen wurde!"), andererseits glauben scheinbar doch noch viele Menschen an so etwas wie die „Stimme des Blutes", die ihnen im rechten Moment schon die rechten Gedanken eingeben wird.

> „Erst jetzt wird von anderen Fachleuten gesehen, daß in einer Adoptivfamilie Spannungen auftreten, die in anderen Familien nicht vorkommen. Gleichgültig, wie nahe Blutsverwandte einander stehen oder wie antagonistisch sie sind, sie ruhen sicher in ihrer biologischen Bindung. Die Gewißheit ihrer Verwandtschaft gibt ihnen ein Gefühl der Zugehörigkeit, die für sie so selbstverständlich ist wie die Luft, die sie atmen. Adoptierte wie Adoptiveltern hingegen wissen im Grunde ihrer Seele, daß ‚sie nicht mein sind'." (Lifton, 1982, S. 251).

Insbesondere wenn es zu „Schwierigkeiten" in der Erziehung kommt (Vorpubertät/Pubertät), fühlen sich Adoptiveltern unsicher in ihrer Erziehungshaltung und ihren „Maßnahmen". Die lebensnotwendigen Ablösungsversuche des Kindes von seinen Eltern sind nicht selten begleitet von verbalen Schlägen unter die Gürtellinie, von herben Provokationen. Sie werden von den Eltern oft als sehr individuell und persönlich erlebt. Da „aufgeklärte" Adoptivkinder auch nicht nur dankbar, höflich und bescheiden ihren Adoptivkindstatus genießen, sondern sich noch intensiver als leibliche Kinder mit ihrer Identität und ihrem Erwachsenwerden auseinandersetzen, erleben manche Adoptiveltern zu dieser Zeit Phasen großer Enttäuschung. Das bisher liebe und freundliche Kind steht vor ihnen wie der Rächer der Enterbten und verlangt: Auskunft, Rechtfertigung, Erklärung. Diese Forderungen werden versetzt mit Drohungen, zu den leiblichen Eltern zu gehen – die ja ohnehin viel besser seien –, abzuhauen, weil es als angenommenes Kind ja doch nicht geliebt werde!

Adoptiveltern – vor allen diejenigen, die sich mit dem Status unfreiwilliger Kinderlosigkeit letztlich nie arrangiert haben – fühlen sich herabgewürdigt und mißverstanden. Man wirft ihnen oft vor, daß sie Dankbarkeit erwarteten und enttäuscht seien, wenn diese ausbliebe, so daß es gerade in der Pubertät zum Bruch zwischen Kindern und Eltern kommt.

Dieser Vorwurf ist verkehrt oder zumindest einseitig: Sie wünschen oder erwarten wie fast alle Eltern Harmonie in der Familie, Zugehörigkeitsempfinden, Übernahme gegenseitiger Verantwortung. Sie möchten ebenso wie alle Menschen geliebt und anerkannt sein – auch von ihren Kindern und vielleicht besonders von ihren Adoptivkindern, für die sie – oft falsch verstanden – zuviel geopfert haben.

Erziehung ist ein schwieriges Geschäft. Sie fällt einem nicht in den Schoß, und gelernt haben wir sie alle nicht. Da gibt es nur eines: fragen, sprechen, sich austauschen, zuhören, abwägen, diskutieren – und manchmal auch wegschauen, weghören. Hilfreich für Adoptiveltern können Erziehungsgespräche mit zwei verschiedenen Familientypen sein:

Mit anderen Adoptiveltern: Wie fangen sie adoptionsspezifische Themen auf? Wie beantworten sie die Fragen ihrer Adoptivkinder? Welche spezifischen Probleme treten bei ihnen auf? Für diese Gespräche haben sich Adoptivelterninitiativen bewährt, die es in vielen Städten gibt (zu erfragen über die Jugendämter, Adoptionsvermittlungsstellen, Kinderschutzbund und andere). Es gibt Erziehungsprobleme bei Adoptivfamilien, die in biologischen Familien nicht auftreten und die – „intern" diskutiert – ein Mehr an Hilfe und Verständnis bieten. Andererseits muß davon abgeraten werden, Gespräche ausschließlich in Adoptivelternkreisen zu suchen. So „besonders" das Adoptivkind ist, so „normal" ist es auch! Viele Adoptiveltern sind in Erziehungsfragen unsicher und können nicht einschätzen, welche Probleme spezifisch für Adoptionsverhältnisse sind (Reaktionen auf Trennungen, Verlassenheitsängste, Unzufriedenheit, Begabungsmängel, bestimmte „Verhaltensstörungen", Konzentrationsstörungen, Schulprobleme) und wie sie darauf reagieren sollen: Sie sollten ganz offene Gespräche mit *Eltern leiblicher Kinder* führen. Dabei werden sie feststellen, daß auch dort nur mit Wasser gekocht wird. Sie werden erfahren, daß ein Großteil der „Schwierigkeiten" entwicklungs- und erziehungsbedingt ist (Umwelt, Schule, Großstadtsituation, Fernsehen usw.) und daß ihnen am besten mit Gleichmut, auf jeden Fall aber ohne Panik begegnet wird. Die meisten „Störungen" sind vorübergehend, wenn man sie nicht überbewertet, überbeachtet oder sie gleich als adoptionsspezifisch („erblich bedingt", „wer weiß, wie das bei den leiblichen Eltern war") etikettiert.

Überhaupt scheint mir für die ganze Erziehung nichts so wichtig wie Offenheit im Gespräch im Freundeskreis. „Ich habe diese Schwierigkeiten, wie macht ihr das?" ist bei Durchschnittsproblemen entlastend und allemal sinnvoller als ängstliches Warten, die Schuld suchen, überreagieren oder gleich staatliche Stellen (Erziehungsberatung/Psychotherapeuten) einzuschalten.

Viele Adoptiveltern haben die Sorge, bei Erziehungsproblemen als besonders unfähig betrachtet zu werden. Sie fordern von sich selbst, *besonders gute Eltern* sein zu müssen – „das auserwählte Kind für die auserwählten Eltern"! Im ersten Jahr nach der Aufnahme des Kindes, im Jahr der „Adoptionspflege", haben diese Erwartungen noch eine besondere Bedeutung: Die Eltern müssen beweisen und nachweisen, daß sie „gute" Eltern sein werden. Nach dem ersten Jahr muß das Jugendamt überprüfen und an das Vormundschaftsgericht melden, ob ein „Eltern-Kind-Verhältnis" entstanden ist.

Adoptiveltern, die ältere Kinder aufgenommen haben, haben nicht nur das berechtigte Gefühl, von jeder staatlichen Institution mit dem Problem vorgeschädigter Heimkinder im Stich gelassen zu werden. (Die Adoptionsvermittlung bzw. Aufnahme in eine Familie als solche gilt bereits kurioserweise in der sozialpädagogischen Literatur und Praxis schon als „erzieherische Maßnahme"!) Sie stehen auch unter dem Druck, daß ihnen das Kind wieder weggenommen wird – falls sie es „nicht schaffen", falls sie Schwierigkeiten eingestehen, falls sie den Staat nun doch um Hilfe ersuchen müssen, der sich durch die Adoptionsvermittlung doch gerade die kostengünstigste Lösung eines sozialen Problems vom Halse geschafft hat.

Diese Gefahr ist zwar nicht allzu groß, da Jugendämter in der Regel froh sind, ein „älteres" oder schwierigeres Kind endlich „untergebracht" zu haben. Aber die Adoptiveltern stehen unter dem Erwartungsdruck, „gut" sein, beweisen zu müssen, daß sie eventuell sogar noch besser sind als leibliche Eltern (siehe zu diesen Fragen speziell Literatur von Dericum und Jacob/Lutz).

Solidarisierung mit gleichermaßen Betroffenen und *offensive Forderungen* an die Jugendbehörden nach Hilfe, Beratung, Unterstützung sind wichtige Faktoren bei der Erziehung von Adoptivkindern. Viele Adoptiveltern befriedigen sich zwar in erster Linie mit der Adoption eines Kindes einen egoistischen Wunsch. In vielen (nicht allen!) Fällen nehmen sie dem Staat jedoch auch Mühe, Kosten und Folgekosten der Erziehung von Kindern ab, die sonst hoch zu Buch schlagen würden. Das „Familienkind" kostet seine Eltern etwa 180000.– DM bis zur Volljährigkeit. Das Heimkind kostet zur Zeit im Monat etwa 4000–5000.– DM, das sind in 18 Jahren für den Staat eine knappe Million (ohne Folgekosten!).'

Mit diesem entsprechenden Hintergrundwissen sollten Eltern die ausreichend vorhandenen sozialpädagogischen Ressourcen nutzen – mit Selbstbewußtsein und der demokratischen Grundhaltung, daß „Staat" von unten kontrolliert wird und Kindererziehung eine gemeinsame Aufgabe von Eltern und „öffentlicher Hand" sein muß.

Wann interessiert das Adoptivkind sich für welche Fragen?

Noch einmal soll an dieser Stelle darauf hingewiesen werden, daß kleine Kinder die üblichen gesellschaftlichen Normen noch nicht verinnerlicht haben. Sie kennen weder die Begriffe, noch die Bedeutungen, die wir um „Familienleben" – sei es „vollständig" oder „unvollständig" – herumranken. Ihre Welt besteht aus Vater, Mutter, Geschwistern, Hund, ihnen selbst. Erst nach und nach treten weitere Personen in ihr (soziales) Blickfeld. Soziale Zusammenhänge werden erst begriffen und von Erwachsenen übernommen, wenn sie explizit geschildert werden, um Strukturen zu kennzeichnen. „Moral" und „Unmoral", gesellschaftlich gewünschte und unerwünschte Lebensformen sind dem Kind nicht nur unbekannt, sondern auch gleichgültig. Erst durch die Vermittlung Erwachsener erfährt das Kind nach und nach, wie gelebt werden soll, was „richtig", was „falsch", was erlaubt und was unerlaubt ist. Diese Normenfragen müssen bei der gesamten Aufklärung des Adoptivkindes beachtet und zugrunde gelegt werden. Auch die Fragen des Kindes richten sich nicht nur nach seinem Entwicklungsalter, sondern auch nach dem, was es bislang in seiner sozialen Umwelt über seine eigenen Verhältnisse „aufgeschnappt" hat. Die Fragen entwickeln sich folgerichtig weiter, es sei denn, das Kind spürt, daß seine Fragen unliebsam sind oder ohnehin nicht beantwortet werden. In beiden Fällen wird es vermutlich im Laufe der Zeit aufhören zu fragen. Werden seine Interessen jedoch jedesmal adäquat befriedigt, so weiten diese sich aus und führen das Kind von Stufe zu Stufe.
Folgende Fragen und die entsprechenden Altersangaben stammen aus Schilderungen von Adoptiveltern. Sie können naturgemäß nur sehr vage sein und werden sich individuell um 1–2 Jahre ver-

schieben. Dennoch soll mit ihnen aufgezeigt werden, wann Adoptiveltern etwa mit welchen Fragen zu rechnen haben und wann Kinder von ihrem Entwicklungsstatus her in der Lage sind, mit den entsprechenden Informationen umzugehen.

- *Ab etwa 2 1/2 Jahren:*
  - Woher kommen die kleinen Kinder?
  - Woher komme ich?
  - War ich in deinem Bauch?
  - Waren meine Geschwister auch in deinem Bauch?
- *Ab etwa 5 Jahren:*
  - Warum konnte meine Mutter mich nicht behalten? (noch sehr allgemein!)
  - Wie bin ich gerade zu euch gekommen?
- *Ab etwa 7–8 Jahren:*
  Konkreter:
  - Warum wurde ich fortgegeben?
  - Hat meine Mutter mich nicht gemocht?
  - War ich nicht artig?
  - Habe ich ihr nicht gefallen? Zum Teil (ungezielt): Ich würde sie gerne einmal kennenlernen/sehen.
- *Ab etwa 8 Jahren:*
  - Wer war mein Vater?
  - Wo ist mein Vater?
  - Habe ich noch mehr Verwandte? Geschwister?
- *Ab etwa 8–10 Jahren:*
  - Warum hat mein Vater meine Mutter verlassen?
  - Warum haben sie nicht geheiratet?
  - Konnte meine Mutter mich nicht trotzdem behalten?
- *Ab etwa 12 Jahren:*
  - Hinterfragen der mütterlichen/elterlichen Entscheidung. – Erste Fragen nach sozialen Problemen/sozialpolitischen Hintergründen: Warum gibt es Arme/Obdachlose usw.?
  - Wo sind meine Eltern heute?
  - Was tun sie, leben sie noch?
  - Denken sie wohl noch an mich?
  - Habe ich Geschwister?
  - Wie sehen sie wohl aus? Sehen sie mir ähnlich?

- Warum konnten sie bei den Eltern bleiben, oder sind sie auch adoptiert?
● *Ab etwa 13–15 Jahren:*
- Ich will meine leiblichen Eltern kennenlernen.
- Ich will sie suchen.
- Ich will sie fragen, warum sie mich fortgegeben haben.
- Ich will sehen, wie es ihnen geht, ob ich ihnen ähnlich bin.
- Ich will wissen, woher ich komme, wo meine Wurzeln sind.
● *Ab 18 Jahre (Volljährigkeit):*
  Gegebenenfalls gezielte Suche nach den leiblichen Eltern, der leiblichen Mutter, dabei Zuhilfenahme von
- Akten, Urkunden, Geburts- und Taufregister,
- Auskünften der Adoptiveltern,
- Jugendamtsbehörden,
- Adoptionsvermittlungsstellen.

Was wollen Jugendliche wissen?

Während das Kind sich bis zum Alter von etwa 8 Jahren in erster Linie für sich selbst, seine persönliche Herkunft, seine unmittelbaren Verwandten interessiert, beginnt es sich mit zunehmendem Alter und zunehmender geistiger und sozialer Expansion für globalere Fragen zu interessieren. Es empfindet sich mehr und mehr eingebunden in größere Sozialsysteme und sucht nach seiner Position in ihnen.
Mit etwa 10–11 Jahren beginnt die Vorpubertät/Pubertät, die noch mehr psychische als physische Umstellung und Umorientierung bedeutet. Die existenzielle Loslösung von den Eltern beginnt – egal, ob diese die leiblichen oder die sozialen Eltern sind. Diese Zeit ist für *alle* Eltern belastend – Adoptiveltern tragen aus verschiedenen Gründen oft noch schwerer an dieser Entwicklung. Zur Ablösung vom Elternhaus gehört, dieses in Frage zu stellen, es zu kritisieren, gleichzeitig nach Neuem, Akzeptablem zu suchen, an dem man sich orientieren kann. Bei Adoptierten sind das nicht selten die unbekannten leiblichen Eltern, die zu Traumeltern, Su-

permännern und Märchenfiguren hochstilisiert werden, bei denen alles geht und nichts verboten wird.

Beispiel:
Der 12jährige Adoptivsohn Jens ist zu einem älteren Mitschüler zum Geburtstag eingeladen worden. Um 17.00 Uhr soll es bei McDonald's Kinderparty losgehen, anschließend zum Bowling, nach 21.00 Uhr Grillen im Garten. Der Vater des Geburtstagskindes wird überall dabeisein – dennoch mißhagt diese konsumorientierte und abendliche Fete dem Adoptivvater, und er untersagt die Teilnahme nach Rücksprache mit anderen Eltern, die auch nicht zustimmen.
Jens bekommt daraufhin einen Wutanfall, stampft auf, schlägt die Türen, heult laut und brüllt: „Wenn ich euer eigenes Kind wäre, dürfte ich hingehen. Die anderen dürfen ja auch alle. Aber ich gehöre ja gar nicht hierher. Scheiße! Ihr habt mich ja nur aufgesammelt. Ich will zu meinen richtigen Eltern, die lieben mich mehr und erlauben mir sowas auch."

„Ich hau ab und gehe zu meiner richtigen Mutter. Die ist viel netter zu mir. Ihr habt mich ja doch nur angenommen", gehört zum Alltagsrepertoire pubertierender Adoptierter. Eltern, die von diesen oder ähnlichen Anfeindungen *überrascht* werden, reagieren oft sehr abwehrend: die Mütter nicht selten mit regressivem Verhalten (Rückzug in somatische Leiden, Weinen, Selbstzweifel usw.), die Väter mit Zorn infolge ihrer Enttäuschung. Sie empfinden sich selbst als unverstanden, sehen einen Teil ihres Lebenswerks irreparabel zerstört.
Eltern, die auf diese Äußerungen gefaßt sind, können ruhig bleiben. Sie wissen, daß sie nicht persönlich gemeint sind, sondern daß zu den ohnehin problematischen Ablösungsversuchen ihres pubertierenden Kindes auch noch die Unsicherheiten über seine Vergangenheit hinzukommen. Pubertät ist Neuorientierung – und dazu gehört die intensive Auseinandersetzung mit den Wurzeln, mit dem damaligen Geschehen, mit den Beweggründen aller damals Beteiligten: Warum haben mich die leiblichen Eltern fortgegeben? Warum haben die Adoptiveltern mich genommen?

Um diese Fragen kreist die Phantasie der Jugendlichen. Sie müssen mit Informationslücken leben, sie müssen unter Umständen zusehen, wie sehr sich ihre Adoptiveltern noch immer mit der eigenen biologischen Kinderlosigkeit auseinandersetzen bzw. nicht auseinandersetzen. Je nach Aufgeschlossenheit für soziale Probleme und nach Stand der Information durch die Adoptiveltern fragen Jugendliche auch weiter: nach sozialpolitischem Geschehen, nach Fragen von Macht und Unterdrückung, nach Armut und Ausbeutung, nach Normen und Moral. Auch diese Fragen sind nicht nur adoptionsspezifisch. Überhaupt darf die Adoption gerade in diesem Alter nicht überbewertet und für alles Auftretende verantwortlich gemacht werden. Sie gehört zu *diesem* Kind ebenso wie zu anderen Kindern die Scheidung der Eltern, die nichteheliche Geburt, der Kinderreichtum, die materielle Armut, der abwesende Vater, das kranke oder behinderte Geschwisterkind. Je mehr die Eltern dem Kind vermitteln, daß alles so ist, wie es ist, und daß es so gut ist, daß sie selbst es so akzeptieren, weil sie es so gewollt haben – um so mehr wird der Jugendliche diese Haltung übernehmen können. Unsicherheiten und Unwahrheiten jedoch spürt er sehr genau. Sie fallen auf einen bereiten Boden: Selbstunsicherheit und Minderwertigkeit, Gefühlsschwankungen und depressive Phasen kennzeichnen die Zeit der Pubertät ebenso wie aggressive Ausbrüche (verbal und nonverbal) und Provokationen (vgl. dazu: Arlt, M. 1992).

Das gilt für alle Jugendlichen. Für besonders *verunsicherte* Adoptierte mit verunsicherten Eltern können sich die Probleme hier potenzieren. Gespräche mit anderen Eltern und/oder Adoptiveltern können in dieser Zeit ganz besonders hilfreich sein. Ebenso nützlich sind die Beschaffung von Informationen, das Beziehen einer eigenen Position – und vor allem sehr viel Gleichmütigkeit!

Eltern, die „es" nicht schaffen

Mangelndes Wissen über die Notwendigkeit der Gespräche mit dem Kind ist es nicht, was manche Eltern schweigen läßt! Mit allen Adoptivbewerbern oder -eltern wird in der Vermittlungsphase die Frage der Aufklärung angesprochen. Die meisten zeigen sich aufgeschlossen, sehen die Wichtigkeit für das Kind und für eine vertrauensvolle Eltern-Kind-Beziehung ein – und wenn der Zeitpunkt gekommen ist, unerwartet die erste arglose Frage nach der eigenen Herkunft gestellt wird, schaffen sie „es" nicht. Sie erschrecken, sie reagieren irritiert. Abends setzen sie sich zusammen und beratschlagen. Sie nehmen sich vor, es das nächste Mal besser zu machen, wahrheitsgemäß zu antworten – die nächste Gelegenheit kommt bestimmt! Sie kommt auch, aber sie wird überhört, uminterpretiert, sie wird aus „Zeitgründen" aufgeschoben – und irgendwann kommen dann auch keine Fragen mehr. Andere Eltern arrangieren Situationen, von denen sie meinen, daß sie eine Aufklärung überflüssig machten: Keiner weiß in der neuen Umgebung vom Adoptionsstatus des Kindes, die „Gefahr" scheint gebannt!

Befragt, warum sie mit dem Kind nicht sprechen können/wollen, wissen sie keine rechten Antworten: Eigentlich ist es ja noch zu jung. – Es versteht davon noch nichts. – Wer weiß, wo es so was mal aufgeschnappt hat, in Wirklichkeit kann es ja gar nichts wissen. – Das hat noch Zeit, später mal. – Alle diese Antworten sind Rationalisierungen, Verschiebungen, Aufschub. Die Gründe dafür sind vielfältig, die Ursachen liegen tief, das vordergründige Symptom ist Angst.

Die Angstspannung läßt keinen klaren Gedanken mehr zu, kein rationales Abwägen von Für und Wider, keine Gedanken zum

„Know-how" und später auch keine Ursachenabwägung mehr bei der Diagnose von Verhaltensstörungen, Verlassenheitsängsten, zunehmendem kindlichen Mißtrauen!

Angst und Hilflosigkeit werden in den folgenden Fällen deutlich. Die besten Chancen sind verpaßt, inzwischen scheint alles aussichtslos.

Verstrickt in Lügen I

Das Ehepaar G. hat nacheinander 2 Kinder im Säuglingsalter adoptiert. Jürgen ist jetzt knapp 8 Jahre, Irene etwas über 5 Jahre alt. Jürgen weiß, daß er adoptiert wurde. Über den Zeitpunkt der Gespräche können die Eltern keine Angaben mehr machen – es hatte sich „einfach so ergeben".

Als es sich bei Irene „ergab", leugneten die Eltern plötzlich. „Du bist unser leibliches Kind", erzählten sie und lösten damit eine ungeahnte Fülle von Problemen aus:

- Jürgen wurde zunehmend eifersüchtig und fühlt sich aus dem angeblich biologischen Familienverband ausgeschlossen. Er betrachtet jeden kleinsten Vorteil, den seine Schwester hat, als Indiz dafür, daß er als angenommenes Kind eben nicht so geliebt sei.

- Irene scheint den Schilderungen der Eltern nicht recht zu trauen. Sie fragt wiederholt, bohrt, läßt sich immer wieder bestätigen, daß sie – im Gegensatz zum Bruder – doch das leibliche Kind sei.

- Die Eltern leiden unter ihrer Lüge, sind verstrickt darin – zumal sie sie noch und noch wiederholt haben und die Tochter gegen deren Vermutung von ihrer leiblichen Abstammung von den Adoptiveltern zu überzeugen versuchten. Eine Lüge, die offenbar noch schwerer wiegt.

Über die Gründe, die Auslöser, die Ängste, die hinter dieser Verstrickung stecken, können die Eltern heute keine Auskünfte mehr geben.

Sie sehen sich nur noch einem unentwirrbaren Knäuel von Unwahrheiten und ihren Folgen gegenüber. Daß die Wahrheit der

Tochter gegenüber alle erleichtern würde, bezweifeln sie nicht. Sie haben jedoch Angst vor der Offenbarung, daß sie so lange und so oft gelogen haben.

Verstrickt in Lügen II

Das Ehepaar P. hat nach längerem Warten ein 7 Wochen altes Mädchen vermittelt bekommen. Mit ihnen wurde vorher über die Notwendigkeit der Aufklärung gesprochen. Der Vater hatte mancherlei Bedenken, doch es entstand in mehreren Gesprächen der Eindruck, als ob diese letztlich überwunden seien. Als sie ein paar Tage nach der Aufnahme des Kindes im Treppenhaus freundlich-neugierig auf das Babygeschrei angesprochen werden, erklärt Herr P. sehr schnell, seine Frau habe ein Baby bekommen. Auf erstaunte Einwände ob der nicht wahrgenommenen Schwangerschaft erklärt er, seine Frau sei eben ganz besonders schlank gewesen. Man habe praktisch bis zum letzten Tag kaum etwas gesehen.
Im Mietshaus spricht sich diese Geschichte sehr schnell herum. Alle sind ungläubig, zumal es Hochsommer ist und unter so leichter Garderobe eine Schwangerschaft doch zumindest andeutungsweise erkennbar gewesen sein müßte. Als Frau P. dann noch mit dem fast 2 Monate alten Säugling angetroffen wird, glaubt niemand mehr an die gerade erfolgte Geburt. Frau P., der die Erklärung ihres Mannes gar nicht recht war, wagt nun allerdings nicht, ihren Mann durch Richtigstellung der Angaben bloßzustellen. Sie schweigt, selbst als ihr im Gespräch „goldene Brücken" gebaut werden.
Als Familie P. 2 Jahre später ein weiteres Adoptivkind vermittelt bekommt, ist die Situation völlig verfahren:
Die P.s sind im Hause total isoliert, keiner spricht mehr mit ihnen, es gibt kein gemeinsames Kinderhüten, keine Nachbarschaftshilfe– es herrscht dieser Familie gegenüber eisiges Schweigen. Es fragt auch keiner mehr, woher plötzlich ein zweites Baby kommt – obwohl beide es nun gerne sagen würden.

Verrenkungen

5 Jahre nach meinem Ausscheiden aus der Adoptionsvermittlungsstelle sprach mich auf der Straße eine Frau an, die ich im ersten Moment nicht erkannte. Erst durch ihre bewegte Mimik und Gestik erinnerte ich mich:
Es war eine Frau, der ich vor 6 Jahren ein kleines Mädchen im Alter von 8 Wochen zur Adoption vermittelt hatte.
Die Geschichte dieser Adoption war für mich stets mit zwei besonderen Merkmalen verknüpft:
Herr Dr. Z., 36 Jahre alt, Rechtsanwalt, war über viele Jahre der quälenden Kinderlosigkeit der Eheleute nie bereit gewesen, sich selbst einmal auf seine Zeugungsfähigkeit hin untersuchen zu lassen. Seine Frau dagegen nahm vielfältigste Behandlungen und Torturen auf sich, und der Gynäkologe versicherte ihr immer wieder: „An Ihnen liegt es nicht." Diese Weigerung des Mannes hatte zeitweise zu erheblichen Spannungen zwischen den Eheleuten geführt. Erst als sie sich beide von dem Gedanken an ein leibliches Kind trennten und eine Adoption beschlossen, legten sich die Auseinandersetzungen – und die Ehe machte einen befriedeten Eindruck.
Das zweite auffällige Merkmal war die vehemente Ablehnung des potentiellen Adoptivvaters, das Kind später über seine Adoption aufzuklären. Wozu? Das ist doch gar nicht nötig! Das ist doch dann unser Kind!
Seiner Frau schien diese Forderung durchaus akzeptabel, und sie hielt entsprechende Gespräche auch für unproblematisch, wenn früh genug angefangen würde. Nach mehreren Gesprächen mit beiden Eheleuten lenkte auch der Ehemann (scheinbar) ein:
Man müsse es einfach abwarten. Noch sei alles im vorhinein so anonym, so unvorstellbar. Er habe auch keinerlei Erfahrungen, es werde sich schon ergeben.
Nun, auf der Straße, sprach mich die Mutter an. Stolz wies sie auf ein Mädchen, das ein paar Meter weiter spielte. „Das ist sie", sagte sie, „würden Sie sie wiedererkennen? Hat sie sich nicht prima herausgemacht? Wir sind ja so stolz und so froh, daß wir sie haben!"
Sie berichtete dann, daß sie gleich nach dem rechtlichen Vollzug

der Adoption fortgezogen seien – hier sei sie nur für ein paar Tage bei ihrer Mutter zu Besuch. Ich solle doch unbedingt mit zur Mutter kommen, diese kenne mich aus vielen Gesprächen. Außerdem könne ich dabei ganz ungezwungen das Kind beobachten.

Da mich letzteres tatsächlich reizte, willigte ich ein und ging mit. Das Mädchen lief immer ein paar Schritte vor uns – jedoch in Hörweite. Kurz vor der Haustür blieb Frau Z. stehen und flüsterte mir zu: „Sie weiß von nichts. Verraten Sie sich bloß nicht!"

Ich verstand nicht sofort – es dauerte etwas, bis ich „schaltete" und erschrak. Dem Kind war ich nur mit meinem Namen vorgestellt worden, und es gab sich ohne weitere Nachfragen zufrieden. Mit der alten Dame war es jedoch schwieriger.

Mein Name sagte ihr gar nichts. Das „Mutter, du weißt doch!" machte sie nur ratlos. Sie strengte ihr Gedächtnis spürbar an und fragte ihre Tochter immer wieder, die versuchte, mit Andeutungen und Handzeichen die Frage zu beantworten:

„Erinnere Dich, Mutter – vor 6 Jahren – na, was war denn da? – Als wir noch in der Schillerstraße wohnten – Mutter! Erinnere dich doch! Wir haben doch so oft darüber gesprochen, Mutter!"

Als die Großmutter sich daraufhin ratlos und hilfesuchend an mich wandte, schickte Frau Z. die kleine Tochter, die bis dahin schweigend dabeigestanden hatte, aus dem Zimmer.

Kaum hatte diese die Wohnzimmertür hinter sich zugezogen, wurde die Großmutter in ärgerlichem Tonfall über meine frühere Funktion aufgeklärt.

Ich habe mich bei diesem unerfreulichen Hausbesuch schnell verabschiedet. Der angebotene Kaffee erschien mir doch zu konfliktbelastet. Meine erste Frage draußen war: Hat die Tochter nicht hinter der Tür zuhören können? Was hat sie wohl gehört?

Meine zweite Frage dann jedoch: Wie oft mag es solche oder ähnliche Situationen schon gegeben haben? Und nach längerer gedanklicher Beschäftigung mit dieser Begegnung fiel mir ein, wie wenig adäquat die immerhin 6jährige Tochter auf diese Situation reagiert hatte:

Wie gleichgültig es ihr war, wer ich bin – wie unbewegt sie bei der peinlichen Vorstellung meiner Person dabeistand – wortlos, reglos.

Und dann war mir eigentlich klar: Dieses Kind wird wahrscheinlich mehr wissen, als die Eltern je ahnen. Sie spielen voreinander Versteck – das Kind spürt sehr genau, daß es nichts wissen darf, und kann mögliche Reaktionen auf die Entdeckung seines Geheimnisses nicht abschätzen. „Du sollst nicht merken!" befolgt es gehorsam – und „merkt" eben auch nicht die Verrenkungen in der Kommunikation dieser 3 Frauen. Es steht lieber starr daneben. Für eine spielende Beschäftigung ist diese Unterhaltung zu faszinierend – vielleicht auch angstauslösend. Außerdem besteht ja auch die Möglichkeit, daß bei so einem „Gespräch" ein Mehr an Informationen über all das Geheimnisvolle abfallen könnte. Für Zwischenfragen war es zu spät – der Zeitpunkt wahrscheinlich versäumt, überhört, abgetan.

Wie oft mag dieses Kind schon hinausgeschickt worden sein? Wie oft mag es an der Tür schon gehorcht haben? Wann mag es sich auf die Suche nach der Lösung seines Geheimnisses machen? Und was wird geschehen, wenn es Gewißheit darüber hat, was ihm vorenthalten wurde?

P.S. Viele Jahre später höre ich, daß die Adoptivmutter nach mir sucht. Sie will meinen Rat einholen. Kürzlich ist der Adoptivvater verstorben und nun will sie die Tochter endlich „aufklären" – ihr Mann hatte es ihr zeitlebens verboten. Die Tochter ist genau 18 Jahre alt.

Das „kleine Schwarze" als Aufhänger

Das Ehepaar P. hat 2 Jungen im Alter von 6 und 4 Jahren. Beide waren im Säuglingsalter in die Familie gekommen. Der ältere hatte die Aufnahme des kleinen Bruders nicht bewußt miterlebt, hatte seinerzeit auch keine entsprechenden Informationen bekommen. Und dabei war es denn auch geblieben: Wulf und Ulrich wissen nach wie vor nichts von ihrer Herkunft! Freunde – selber Adoptiveltern – bohren seit Jahren. Die Antworten sind nur: Jetzt noch nicht ... bald ... mal sehen ... es wird schon werden. Entsprechend zurückhaltend ist die Sexualpädagogik – was können die Eltern auch sagen, ohne zu lügen?

Ruhe herrscht deswegen aber nicht – die Fragen schwelen, die Mutter überläßt sie (wie alle anderen wesentliche Themen) dem Vater. Der Vater ringt mit sich, verdrängt es, wird wieder erinnert, schiebt es vor sich her.

Plötzlich scheint eine Lösung in Sicht: Ein drittes Adoptivkind soll aufgenommen werden. Und weil die Eltern meinen, ein Kind aus Südamerika, Indien oder ein schwarzweißes Mischlingskind sei schneller zu bekommen, wollen sie „ein kleines Schwarzes". Sie selbst nennen es so und lachen darüber. Und dann fällt dem Vater dazu ein nicht unerwünschter Nebeneffekt ein: Die inzwischen verständigen Kinder werden erfahren, woher sie kommen. Was den Kindern zu *sagen* sein wird (und was den Kindern auch heute schon gesagt werden könnte!), weiß der Vater allerdings immer noch nicht. Das Erscheinen des „Neuen" hält er für „Aufklärung" genug.

Warum Eltern „es" nicht schaffen

Der vielleicht häufigste Grund, die Gespräche mit dem Kind über seinen Status zu unterlassen, sind vermutlich *mangelnde Einsicht* (Wissen) um die Notwendigkeit der Aufklärung und das fehlende *„Gewußt wie"*.

Von Adoptionsbewerbern, für die das offizielle Bewerbungsverfahren bereits abgeschlossen ist und die „nur noch" auf das Kind warten, höre ich häufig, daß in den durchschnittlich 2–3 Gesprächen mit den vermittelnden Sozialarbeitern (einmal im Jugendamt und einmal bei einem Hausbesuch) darüber gesprochen wurde, wie wichtig Aufklärung des Kindes sei. Nähere Gespräche inhaltlicher Art habe es jedoch nie gegeben. „Wann denn eigentlich?" und „Warum überhaupt?" sind dann die ersten Fragen, wenn ich in Vorbereitungsseminaren das Thema anschneide.

Diese Unsicherheit geht Hand in Hand mit der Vorstellung, durch die Adoption (zum Beispiel eines Säuglings) ein *„eigenes"* *Kind* zu bekommen, dessen Erziehung sich in keiner Weise von derjenigen biologisch eigener Kinder unterscheidet. Diese Phantasie beruht weniger auf mangelnder Information, daß manches in der Erziehung von Adoptivkindern eben doch anders ablaufen wird, als vielmehr auf dem Wunschdenken, nun endlich ein „eigenes" Kind zu bekommen, das aufgrund seines sehr geringen Alters auch noch nichts von seiner Herkunft und dem personellen Wechsel weiß.

Dieser *Traum vom eigenen Kind* läßt sich allerdings auch nur so lange aufrechterhalten, solange das Kind nicht die geringste Information hat. Schon der erstmögliche (und übliche) „Einstieg" in das Thema – die Frage: „War ich auch in deinem Bauch?" – bringt den Traum in Gefahr. „Ja" ist eine Lüge, die später neue Lügen gebiert, gebären muß. „Nein" ist das Ende der kindlichen Unschuld und der elterlichen Illusion vom eigenen Kind. Von diesem ersten „Nein" an wird gefragt werden – eine Lawine ist ins Rollen gekommen und läßt sich mit nichts mehr aufhalten!

Selbst Eltern, die diesen Zeitpunkt bewußt als noch nicht so kraß und folgenschwer ansehen, *ahnen,* daß mit dieser Frage bzw. ihrer Antwort die Weichen gestellt werden – daß „danach" nichts mehr so sein wird, wie es „zuvor" war! Sie erschrecken: „Da hab' ich gedacht, das ist es nun also!" – „Ich bin furchtbar erschrocken, obwohl ich wußte, daß das ja einmal kommen wird!" – „Im Moment war ich ganz schön verwirrt. Ich war zwar auf so ähnliche Fragen vorbereitet, aber ich war unheimlich froh, daß es im selben Moment an der Tür klingelte und ich ein paar Minuten Aufschub hatte!"

In dieser Schrecksekunde entscheidet sich für viele, welchen Weg sie einschlagen wollen. Erst einmal abzulehnen bedeutet, später revidieren zu müssen. Der „alte" Weg ist zunächst der einfachere. Er wird beschritten in der unreflektierten Hoffnung auf eine Eingebung, den Zufall, die Zeit, durch die meist Rat kommt.

In einigen Fällen habe ich insbesondere bei den Adoptivmüttern (denen in der Regel auch diese Aufgabe obliegt, da Väter im Erziehungsalltag selten anzutreffen sind!) *Mitleid mit dem Kind* und *Angst um das Kind* erlebt. Diese Mütter erlebten sich und die Kinder als eine Einheit. Die Kinder wurden besonders gehütet, bewahrt, beschützt. Kein Unheil sollte sie berühren dürfen. Sie sollten ausschließlich Geborgenheit, Wärme, Liebe, Heimat erfahren – ein projiziertes mütterliches Bedürfnis? Diese Harmonie sollte durch nichts gestört werden. Keine böse Realität sollte das Kind streifen dürfen, keine Information darüber, daß die Welt auch Angst und Schmerzen, Trauer und Versagen bereithält. Und darum gab es auch keine Informationen darüber, daß es zu einem früheren Zeitpunkt vielleicht einmal nicht so geliebt worden ist, daß es sogar „fortgegeben" wurde.

Dieselben Mütter sind es, die eine spätere Suche nach den leiblichen Eltern verhindern wollen. Ihr Motiv ist dabei weniger die eigene Verlustangst als vielmehr das Bedürfnis, das Kind vor bösen Erfahrungen, vor bitteren Enttäuschungen bewahren zu müssen.

Dieser Erziehung haftet viel Sentimentalität an, viel Hineinwün-
schen in eine totale Harmonie und viel – mütterliche! – Angst vor
Verletzungen durch den Alltag, die Realität, das Leben ganz allgemein. Daß Kinder „Realität" ganz anders als ihre Mütter erleben
können, insbesondere wenn diese ihnen mit Selbstverständlichkeit, Gleichmut und Gelassenheit nahegebracht wird, können
diese Mütter auch in vielen Gesprächen nicht „annehmen": Dafür sitzen ihre eigenen Lebensängste und Unsicherheiten zu tief.
Sie können es nur „erleben", wenn sie sich überwinden und mit
ihren Kindern tatsächlich sprechen – wobei ihre Angst zunächst
mitschwingen und sich dem Kind nonverbal mitteilen wird. Sie
müssen immer wieder die Erfahrung machen, daß für Kinder andere Dinge wichtig sind als für die viel stärker vorgeprägten und
belasteten Erwachsenen. Kinder sind viel mehr Realisten als Uto-
pisten oder Idealisten, und sie sind – bei stabiler psychischer
Grundlage – schon in der Lage, das Leben mit seinen Wirklichkei-
ten anzuerkennen und zu meistern – wenn man sie läßt.

Die *Angst vor dem Verlust* des Kindes bestimmt die Aufklärungs-
abstinenz insbesondere sehr selbstunsicherer Eltern. Es sind anscheinend Väter und Mütter, die sich selbst – vielleicht aufgrund
ihrer biologischen Kinderlosigkeit – als nicht wertvoll, liebenswert, liebens-würdig erleben. Sie erleben die Adoption somit auch
nur als eine Ersatzsituation: sich selber als Ersatzeltern, das Kind
als Ersatzkind. Die biologische Lösung hätte allemal Vorrang gehabt, alles andere war zweite Wahl (wenngleich diese Eltern sich
vehement gegen eine solche „Unterstellung" zur Wehr setzen).

Jeanne van den Brouck hat in ihrem unnachahmlichen „Handbuch für Kinder mit schwierigen Eltern" die Situation „adoptierter Eltern" treffend geschildert:

„Adoptierte Eltern sind immer ein Problem, denn sie haben in
einer traumatischen Situation gelebt oder befinden sich noch
darin.

Manche Eltern werden unbewohnbar, oder ihre Möglichkeiten
der Empfängnis sind in hohem Maße gefährdet. Ein Unfall oder
eine Krankheit können ebensogut die Ursache sein wie ein
Nicht-Wollen, das dermaßem maskiert ist, daß sie selber außer-
stande sind, es zu identifizieren. Diese Unbewohnbarkeit ver-

ursacht ihnen oft ein sehr schmerzhaftes Gefühl von Minderwertigkeit und Verlassenheit. Manche von ihnen reagieren
darauf mit dem Versuch, sich adoptieren zu lassen.

Ein Kind, das sich anschickt, einen Vater oder eine Mutter zu
adoptieren, muß sich gut vor Augen halten, daß es die Verantwortung für ein Wesen übernimmt, das wegen seiner Untaug-
lichkeit zum Elternsein ängstlich und verunsichert ist. Solche
Eltern haben – manchmal zu Unrecht – den Verdacht, ihre eigenen Keimzellen seien zu schwach oder untauglich oder gänzlich unbrauchbar, und sie bedürfen in der Tat mehr einer
Behandlung als einer Erziehung. Man muß sie von ihrer Angst
und ihren Schuldgefühlen heilen, von ihrer Selbstverachtung
und Verlassenheit." (1981, S. 37)

„Heilung" wäre bei manchen Ehepartnern tatsächlich eher ange-
zeigt als Adoption. Nur können Adoptionsvermittler selten die
psychischen Hintergründe soweit aufdecken, daß sie eher einer
Psychotherapie als zu einem Kind raten würden. Die Konsequenzen werden dann oft auch erst später in der Kindererziehung
sichtbar: Entweder bekommen die Eltern plötzlich nach 10 kinderlosen Ehejahren unmittelbar nach Aufnahme eines Adoptivkindes ein leibliches Kind – und somit entsteht eine Zwei-Kinder-
arten-Familie mit allen Problemen. Oder das Adoptivkind hält in
seiner ihm zugedachten Rolle als „Heilsbringer" doch nicht das,
was sich die Eltern versprochen hatten.

Adoptiveltern sollten sich zu keinem Zeitpunkt scheuen, mit diesen Problemen in eine Beratungsstelle, eine Psychotherapie oder
zumindest in eine Gruppe gleichbetroffener Adoptiveltern zu gehen. Diese Probleme werden nicht durch die Zeit gelöst, sie werden nur schlimmer – und sie wirken sich fatal auf die
Entwicklung des Adoptivkindes aus!

Fehlendes „Know-how", Verlustangst, „Eigentums"denken und
Selbsttäuschung der Eltern sind die Gründe dafür, daß noch immer Adoptivkinder im Sandkasten, beim Schulausflug, im Konfirmandenunterricht oder beim Wühlen in verbotenen Schränken
„aufgeklärt" werden. Nicht selten bleiben irreparable Schäden zurück, und das Vertrauen zwischen Eltern und Kind wird für alle
Zeiten gestört.

Der richtige und der falsche Zeitpunkt

Zunächst muß noch einmal festgehalten werden:
- Mit einem Kind soll so früh wie möglich über seinen Adoptionsstatus gesprochen werden, und
- jeder Zeitpunkt ist recht, wenn sich die Gelegenheit bietet und das Kind selbst auf die Thematik zu sprechen kommt.

Es gibt jedoch Zeiten und Situationen, in denen die Eltern mit ganz besonderer Vorsicht an das Gespräch herangehen müssen – oder es aber eventuell noch ein bißchen aufschieben sollten.
Das soll wiederum ein Beispiel illustrieren:
In meine Sprechstunde kommt eines Tages nach vorheriger Anmeldung ein Lehrer und bittet um Rat. In seiner Klasse hat er einen 9jährigen Schüler, der als Säugling adoptiert wurde, der sich jedoch noch immer für ein leibliches Kind seiner Eltern hält (oder jedenfalls mit nichts zu erkennen gibt, daß er von der Adoption etwas ahnt oder weiß). Nachdem er adoptiert war, bekamen die vorher kinderlosen Adoptiveltern noch 2 leibliche Söhne, jetzt 8 und 7 Jahre alt.
Der Haussegen hing bereits seit einiger Zeit schief, als vor einigen Wochen plötzlich der Vater zu einer anderen Frau zog, mit der er zusammenzubleiben gedenkt. Nun gerät alles in den Umbruch: Die Villa soll verkauft werden, eine Mietwohnung für Frau und Kinder ist bereits gefunden, der Vater schon seit Monaten in 600 km Entfernung – und plötzlich fällt ihm ein, daß drei Kinder für seine Frau doch eine zu große Belastung sein könnten. Sein Entschluß: Der Älteste soll in ein Internat!
Wieweit darüber im Familienkreis bereits gesprochen wurde, ist dem Lehrer nicht bekannt. Er hält aber den Zeitpunkt für gegeben, ja für dringend, mit dem Kind jetzt endlich über seine Adop-

tion zu sprechen. Da der Vater abwesend ist und die Mutter sich zusätzlich zu allen anderen Belastungen dieser Thematik nicht gewachsen fühlt, will der Lehrer diese Aufgabe selbst übernehmen. Ich rate ihm dringend ab.

Dieses Kind – und die beiden anderen Kinder – durchlaufen im Moment eine sehr schwierige Zeit:

- Der Vater hat sie verlassen, hat damit gezeigt, daß ihm an ihnen nicht allzuviel liegt, er hat sie ausgetauscht gegen einen anderen Menschen (so jedenfalls die Empfindung der Kinder).

- Die Mutter ist konfus, traurig, depressiv – daraus resultierend leicht reizbar, kränkbar, unausgeglichen, auch einmal ungerecht –, also im Moment für die Kinder kein zuverlässiger, berechenbarer Partner, der zudem noch die Schwierigkeiten der Kinder auffangen könnte.

- Die räumliche Umgebung muß verlassen werden: die Spielzimmer, das Haus, der Garten, die Spielkameraden in der Nachbarschaft. Die neue Mietswohnung ist eine deutliche Verschlechterung, insbesondere vom Platzangebot her.

- Über den Kindern schwebt mehr oder weniger offen ausgesprochen die Trennung durch den geplanten Internatsaufenthalt des Älteren.

Kurz: Alles ist im Umbruch, in Bewegung. Nichts ist für die Kinder mehr so wie gewohnt. Es ist eine Zeit massiver sozialer und räumlicher Unruhe, die erst einmal völlige Neuorientierung von allen Beteiligten fordert. Diese Neuorientierung braucht Zeit: Wie wird die Internatsfrage geklärt? Wie wird sich die um den Vater verringerte Familie zurechtfinden?

Wie werden sich neue Kontakte in der ungewohnten Umgebung anknüpfen lassen?

Wie lange wird die Mutter brauchen, um Enttäuschung und Haß auf den Mann zu verarbeiten?

Zu diesem Zeitpunkt dem Kind zu sagen: „Und du bist eigentlich gar nicht deren Kind – dich haben sie adoptiert", könnte katastrophale Folgen haben.

Diesem Jungen würde buchstäblich der letzte Rest Stabilität verlorengehen, den er durch die Gemeinschaft mit Mutter und Geschwistern noch hat. Insbesondere, wenn diese „Aufklärung" mit dem Abschieben in ein Internat verbunden wäre (und etwas anderes als ein Abschieben ist es in diesem Fall nicht!), wurde das Kind innerhalb weniger Tage um alles beraubt sein, worauf es sich bisher verlassen konnte.

Mit dem Lehrer wurde besprochen,

- im Moment erst einmal gar nichts in bezug auf das Gespräch über die Adoption zu unternehmen – allerdings sehr genau hinzuhören, ob verschleierte Fragen als Gesprächsangebote des Kindes an den Pädagogen kommen, für den Fall, daß das Kind doch etwas von der Adoption wußte oder ahnte;
- zunächst einmal abzuwarten, ob sich die Situation in der Familie stabilisieren würde – wobei der Verbleib des Adoptivkindes in der Familie selbstverständlich sein sollte;
- nach einer Beruhigung (mit mehreren Monaten nach dem Umzug sollte unbedingt gerechnet werden!) eine Strategie über die zu führenden Gespräche *mit der Mutter gemeinsam* abzustimmen. Für das Kind wäre es vermutlich eine Erleichterung, wenn der Vater bei den erforderlichen Planungen (und später Gesprächen!) anwesend sein würde.

Das Ziel dabei war es, die Mutter zu befähigen, diese Gespräche mit dem Kind selbst zu führen. Gegebenenfalls könnte eine aktive Unterstützung durch den Lehrer hilfreich sein. Als „Hilfsmittel" (Einstiegsmöglichkeit) sind in solchen Fällen geeignet: Geschichten, Bilder, Märchen, die zu dieser Thematik zusammengestellt werden können und die inhaltlich an Adoption angeknüpft werden (siehe Anhang: Literatur als Hilfe). Ähnliche, wenngleich nicht im gleichen Ausmaß dramatische Familiengeschehnisse können es in jeder Familie zeitweilig unmöglich machen, mit dem Kind das Thema seiner eigenen Adoption anzusprechen. So scheint z. B. auch der Zeitpunkt kurz nach der Geburt eines jüngeren Geschwisters ungünstig, in der das Ältere ohnehin erstmals zurückstecken und teilweise auf die Mutter verzichten muß. Es könnte für das Adoptivkind zu diesem Zeitpunkt der Eindruck entstehen, als ob die Mutter das neue Kind lieber hätte, weil es das leibliche ist – was natürlich ohnehin auch zutreffen kann – und nicht nur, weil es als Neugeborenes hilfloser und hilfsbedürftiger ist.

Andere Krisenzeiten, in denen nicht mit dem Kind *erstmalig* und grundlegend über seine Adoption gesprochen werden sollten, sind:

- Zeiten der Trennung: Verlust durch Tod, Scheidung, Umzug, Umschulung, Sitzenbleiben;
- Zeiten großer seelischer und/oder körperlicher Belastung: Prüfungen, Krankheiten, Krankenhausaufenthalte;
- schwierige Neuanfänge: ungeliebter Kindergartenbesuch, Einschulung, Eingewöhnen in eine neue Gruppe (z. B. Pflegeeltern, Heim usw.).

Ein weiteres *Beispiel* schildert die Amerikanerin Betty Lifton. Es handelt sich um ihre eigene Erfahrung:

„Die Jalousien in diesem Zimmer sind heruntergelassen. Ich habe Scharlach, eine gefürchtete Krankheit in jenen Tagen vor der Entdeckung des Penicillins. An der Wohnungstür befindet sich ein Quarantänehinweis, in dem die Öffentlichkeit gewarnt wird, die Wohnung während eines Zeitraums von 3 Wochen nicht zu betreten. Ich glühe vor Fieber, aber ich bin ein fügsames, geduldiges Kind. Ich stelle keine Ansprüche ...

An diesem besonderen Tag zwingt irgend etwas diese Frau, die meine Mutter ist, ihrem Kind, nämlich mir, etwas zu sagen, was sie vorher nie erwähnt hat. Das Kind lauscht und scheint in seiner Seelenruhe gestört zu sein: Für den ganzen Rest seines Lebens wird es diesen Augenblick im Gedächtnis behalten, obwohl es sich nicht an die genauen Worte erinnern kann ...

Camus sagt, daß die Tragödie in dem Moment beginnt, in dem man *weiß*.

‚Du bist nicht unser Kind durch Geburt', erzählt ihr die Mutter. ‚Papa und ich haben dich adoptiert, als du 2 1/2 Jahre alt warst.'

Das Kind starrt sie an. Die Mitteilung scheint von irgendwo herzukommen.

‚Was heißt adoptiert?' fragt es.

‚Wir haben Dich ausgesucht.'

Das Kind sieht sie verständnislos an. Worte, und auch alles andere, haben ihre Bedeutung verloren.

‚Wir wollten ein Kind haben, und so fuhren wir nach New York und fanden Dich. Du warst so pausbäckig und hübsch wie ein

Campbells-Suppen-Baby. Als Du mich sahst, strecktest Du Deine Arme nach mir aus und sagtest Deine ersten Worte: Mama, Mama.'...

‚Was ich Dir jetzt gesagt habe, muß ein Geheimnis bleiben‘, fährt ihre Mutter fort. ‚Du darfst es nie jemandem erzählen, besonders nicht Deinem Vater. Es würde ihm das Herz brechen. Ich habe ihm versprochen, es Dir nie zu sagen. Er möchte, daß Du denkst, er sei Dein wirklicher Vater.‘ Dann, vielleicht erleichtert, diese lästige Aufgabe hinter sich gebracht zu haben, verläßt die Mutter das Zimmer und fährt fort mit kochen, saubermachen und telefonieren, als ob nichts geschehen sei. Sie hat schließlich nur getan, was ihr die Adoptionsbehörde wahrscheinlich schon vor langer Zeit geraten hat.

Das Kind liegt einfach nur da. Jetzt befindet es sich wirklich in Quarantäne. Der Hinweis an der Wohnungstür sagt die Wahrheit: es ist anders, ansteckend, eine Gefahr für die Gesellschaft. Vielleicht begriff seine Mutter das unbewußt, als sie gerade diesen Zeitpunkt wählte, um ihm zu sagen, daß es ausgesucht worden ist.“ (Lifton, 1981, S. 13–14).

Was tun, wenn der Zeitpunkt verpaßt wurde?

Die Ausgangsposition kann sehr unterschiedlich sein: Das Kind hat nie gefragt, die Eltern haben nie etwas gesagt – scheinbar ist in Sachen Aufklärung noch nichts „gelaufen". Oder: Das Kind hat gefragt, und die Eltern haben die Frage mehr oder weniger bewußt überhört, haben sich herausgeredet, die Antwort verzögert – oder schlichtweg gelogen.

Nun ist das Kind indessen 6 oder 8 Jahre alt oder sogar noch älter. Bei den Eltern herrscht zunehmende Unsicherheit, zumal sie immer wieder von verschiedenen Seiten auf das Thema angesprochen werden. Sie wissen nicht, was das Kind weiß: Ahnt es etwas, ist es bereits „draußen" aufgeklärt worden und hat zu Hause nichts zu sagen gewagt? Oder wähnt es sich als leibliches Kind der Familie?

Liegen keine besonderen Ereignisse vor, die das Kind ohnehin physisch oder psychisch über das gewohnte Maß strapazieren, sollten die Eltern ganz offensiv vorgehen!

Dabei sollten sie folgendes beachten:

- Für das betreffende Gespräch ist viel Zeit einzuplanen (keine zeitliche Begrenzung durch die Tagesschau, Abendbesuch oder frühes Zubettgehen wegen der Schule).

- Der Zeitpunkt ist so zu wählen, daß auch in den Tagen danach nichts Spekulatives, Zeitraubendes, Besonderes ansteht (Urlaubsreise, Verwandtenbesuch, häufigeres abendliches Ausgehen u. ä.).

- Es sollte eine ruhige, warme, akzeptierende Gesprächsatmosphäre geschaffen werden (abends, Kind auf den Schoß oder in den Arm nehmen – aber nur, wenn das in der Familie ohnehin üblich ist!).

- Die Anwesenheit *beider* Elternteile bei diesem Gespräch ist dringend erforderlich, möglichst auch die Beteiligung beider an Fragen und Antworten.

- Die Eltern müssen darauf achten, ob das Kind zu diesem Zeitpunkt überhaupt aufnahmefähig und nicht durch andere Themen (Krach mit Freunden, Zensuren usw.) in Anspruch genommen wird. Sonst zunächst das aktuellere Thema besprechen!

- Dem Kind sollen in dieser Situation *alle* Fragen wahrheitsgemäß beantwortet werden (soweit sie ihm nicht erheblich schaden können – vgl. die Kapitel über Prostitution und Vergewaltigung). Nicht mehr ausweichen, nichts mehr auf „später" verschieben!

- Offenheit ist auch dort angebracht, wo die Eltern selber noch keine endgültige Antworten für sich gefunden haben. Schwächen und Unsicherheit (auch Lügen!) zugeben. Mit omnipotenten Eltern kann ein Kind in dieser Situation nichts mehr anfangen, zumal sie gerade zeigen, daß sie eben auch nicht alles beherrschen, was der Alltag mit sich bringt. Auch schon 7- oder 8jährige Kinder können sehr gut und einfühlsam Gefühle der Eltern verstehen und akzeptieren. („Wir waren unsicher, wie wir es dir sagen sollten". – „Wir wünschten uns immer so sehr, daß du unser leibliches Kind seist, weil wir dich so gerne haben, und darum konnten wir mit dir darüber noch nicht sprechen." – „Wir waren lange Zeit sehr traurig darüber, daß wir keine eigenen Kinder bekommen konnten, und mußten uns darüber erst klarwerden." ...)

Die späte Aufklärung ist immer ein Ende der Lügen – der ausgesprochenen oder der verschwiegenen. Darum muß die Zeit danach besonders von Offenheit der Eltern geprägt sein und von der Bereitschaft, über alle anstehenden Fragen zu sprechen. Viel fragen und viel sprechen lassen und geduldig immer und immer wieder die gleichen Fakten erläutern – das sind die sichersten Mittel herauszufinden, ob das Kind alles verstanden hat und ob es in der Lage ist, mit dem neuen Wissen umzugehen.

Sich ständig wiederholende Fragen sollten nicht mit dem Hinweis abgewehrt werden, daß doch nun langsam alles gesagt sei. Sie haben die Funktionen, sich einerseits Sicherheit zu schaffen („Stimmt alles? Erzählen die Eltern jedesmal das gleiche?") und andererseits die galoppierende Phantasie immer wieder erneut mit den realen Daten zu konfrontieren. Fakten, Daten, Hintergründe müssen immer wieder den Träumen vom Verlorengegangen-Sein, vom Ausgesetzworden-Sein, vom Findelkind-Dasein entgegengehalten werden. Gleichzeitig müssen sie aber auch den Phantasien begegnen, mit denen das Kind die leiblichen Eltern in Schlössern und Königshäusern ansiedelt: Märchenhaft werden sie eines Tages in Glanz und Glorie auftauchen und das langvermißte Kind liebevoll in die Arme schließen, es mit Kleinodien überschütten und mit aufs Schloß nehmen, nicht ohne vorher die armen (Adoptiv-)Eltern reichlich zu entlohnen, wenn sie gut waren – oder zu bestrafen, wenn sie schlecht waren. Je konkreter diesen Phantasien begegnet werden kann, um so besser. Anschauungsmaterialien – wie frühe Babybilder, Fotos vom Kinderheim und den anderen Kindern, Fotos von den leiblichen Eltern, der seinerzeit mitgegebene Teddybär – haben hier die Funktion, Realität außerhalb jeder Märchenphantasie zu präsentieren.

Unabhängig davon können sich allerdings Märchen und Sagen (je nach Alter des Kindes) hervorragend als „Einstieg" in das Gespräch eignen, das dann allerdings gut vorbereitet und durchdacht sein muß.

Nach der *plötzlichen* Aufklärung wird das Kind – unabhängig vom Alter – *möglicherweise* veränderte Verhaltensweisen zeigen: Unruhe, Unkonzentriertheit, Schlaf- und Eßstörungen, Weinerlichkeit, Lügen, Naschen, besondere Anhänglichkeit, Trennungsangst, Leistungsabfall in der Schule.

Diese „Störungen" sind Anzeichen von Unsicherheit, auch Angst. Je jünger das Kind ist, desto eher wird es glauben, wieder fortgegeben zu werden – je älter es ist, um so eher wird es seine Eltern auf die Probe stellen: Halten sie auch dann zu mir, wenn ich mich besonders garstig benehme, frech bin, sie provoziere, ihnen Versagen vorwerfe? Auf jeden Fall wird sich das Kind mehr als früher immer wieder der Liebe seiner Eltern versichern müssen – und dafür findet jedes Kind seine spezifischen Formen, die von den Eltern als solche auch erkannt werden sollten.

Bleiben die Erwachsenen mit dem Kind liebevoll, ruhig und geduldig im Gespräch – auch und gerade dann, wenn es sich besonders „nervig" gebärdet, legen sich diese „Störungen" in der Regel recht schnell wieder. Halten sie jedoch über Wochen oder sogar Monate an, sollte fachlicher Rat gesucht werden!

Eltern, die sehr unsicher und ängstlich sind und die deswegen den (ohnehin verpaßten) Zeitpunkt noch und noch hinausschieben, sollten sich ein Herz fassen und mit diesem Problem zu einer Beratungsstelle gehen! Zuständig für solche Fragen sind:

- die Adoptionsvermittlungsstelle,
- eine Erziehungsberatungsstelle,
- eine freipraktizierende Psychologin oder Psychagogin,
- ein psychotherapeutisches Institut,
- Sozialarbeiter/Sozialpädagogen mit Erfahrung in der Arbeit mit Kindern.

Diese Fachleute werden unsichere Eltern entsprechend auf die Gespräche mit dem Kind vorbereiten – insbesondere die Ursachen ihrer eigenen Angst klären. Wenn sich Adoptiveltern jedoch dieser Aufgabe gänzlich nicht gewachsen fühlen, wird ein Pädagoge, Psychologe oder Sozialarbeiter bei dem bewußten Gespräch zur Unterstützung und zum Auffangen spontan auftretender Probleme anwesend sein. (Die Eltern sollten darum aber ausdrücklich ersuchen! Auch für professionelle Berater ist dieses Thema kein „täglich Brot".) Eine Beibehaltung der Kontakte zur Beratungsstelle für die Zeit danach ist ratsam – die „Aufklärung" ist kein punktuelles Ereignis, das anschließend abgehakt werden kann. Eltern, die diese Aufgabe nicht zu lösen vermögen, werden sich möglicherweise auch noch im nachhinein zu unsicher fühlen, um die Fragen wahrzunehmen und die Gespräche mit dem Kind weiterzuführen! Aus Gründen des Selbstschutzes werden sie vielleicht alles Kommende „übersehen" und „überhören" und somit ihr Kind vollends alleinlassen.

In Erziehungsfragen nicht perfekt zu sein ist keine Schande. Selbst wenn wir „ Erziehung" gelernt hätten, dürften wir – wie in allen anderen Bereichen des Lebens – Fehler machen! Problematisch wird es nur, wenn wir das Nicht-Können kaschieren, es leugnen, uns überschätzen, uns selbst belügen. *Alle* Eltern haben irgendwann mehr oder weniger Erziehungsprobleme. Wenn sie keine haben, heißt das, daß sie lügen oder sich nicht mit ihren Kindern beschäftigen.

Alle Adoptiveltern stehen neben den üblichen Erziehungsproblemen zusätzlich vor Fragen der biologischen Herkunft des Kindes. Was läge näher, als sich auszutauschen, als nach den Erfahrungen der anderen zu fragen, als seine eigene Verletzlichkeit und Verlorenheit und Unsicherheit einzugestehen? Familienleben und Erziehung würden auf diese Weise vielleicht etwas weniger „privat" und „intim" und somit „schwierig", dafür vielleicht aber ein bißchen menschlicher!

1997 habe ich bundesweit alle mir bekannten Selbsthilfegruppen von Adoptiveltern und noch unorganisierte Adoptiveltern „vernetzt". In jedem Jahr wird die Adreßliste einmal auf den neuesten Stand gebracht (Neuzugänge). Diese Gruppen haben regen Zulauf. Das gegenseitige Helfen wird oft als hilfreicher erlebt als die professionelle Hilfe in Ämtern, Beratungsstellen und Therapeutenpraxen. Jeder ist in gleicher Weise betroffen und hat gleiche oder ähnliche Probleme. Jeder ist mal Hilfesuchender und mal Hilfegebender – und nie Abhängiger in einer einseitigen Beratungssituation. (In gleicher Weise habe ich Gruppen von Adoptierten und abgebenden Müttern vernetzt. Wer daran teilnehmen will, erreicht mich unter folgender Adresse: Bismarckstr. 2, Universität, 30173 Hannover.)

Was passiert, wenn nichts passiert?

„Wie soll es schon herauskommen", fragen sich manche Adoptiveltern, die beabsichtigt oder unbeabsichtigt unmittelbar nach Aufnahme des Kindes ihren Wohnort und somit Nachbarn, Kollegen und Freundeskreis wechseln.

Hinter dieser Frage stehen Ängste, die oben bereits angesprochen wurden. Sie ist also verkehrt gestellt und müßte lauten: Was ändert sich für *uns alle*, wenn wir unserem Kind seinen eigenen Status erklären. Aber selbst Eltern, die sich mit der eigenen Problematik (noch) nicht auseinandersetzen können, müssen wissen, daß es eine absolute Geheimhaltung nicht gibt! „Es" kommt eigentlich immer heraus – und die Folgen der Geheimhaltung können katastrophal sein. Es gibt immer Mitwisser, es gibt Akten, Urkunden, es gibt biographische Daten, die keine natürliche Erklärung finden.

„Kinder merken, wenn man ihnen etwas verschweigt. Es gibt da indirekte Botschaften, beispielsweise dergestalt, daß Familienmitglieder niemals über die physische Verwandtschaft des Kindes mit anderen sprechen, etwas sagen, die Augen seien denen der Tante Lucie ähnlich, das Kind gleiche dem des Großvaters – während ihnen solche Assoziationen untereinander ganz leicht von den Lippen gehen. Blutsverwandte achten auf die Häufigkeit dieser biologischen Bezugnahmen nicht, Adoptierte schon." (Lifton, 1982, S. 274)

Wer also hofft, um die Aufklärung herumzukommen – in der Meinung, sich auch nach allen Seiten gegen Aufdeckung abgesichert zu haben –, wird unter Umständen eines Tages eine böse Überraschung erleben. Im besseren Falle kommt das Kind mit dieser neuen Botschaft zu seinen Eltern, so daß diese darauf reagieren können. Im schlechteren Falle wagt das Kind nicht, seine Eltern mit dieser Angelegenheit zu behelligen, zumal es der berechtigten Auffassung ist, daß seine Eltern ihm von dieser ganzen Angelegenheit erzählt hätten, wenn sie hätten darüber sprechen wollen.

Eltern, die ihre Kinder nicht aufklären, tun sich selbst und auf die Dauer auch dem Kind nichts Gutes: Das Kind wird um das Wissen über seine Wurzeln (Identität!) betrogen – und die Eltern leben in der jahrzehntelangen Angst und Anspannung, die sich nonverbal dem Kind mitteilt, daß „es" doch einmal herauskommen und sie das Kind dann verlieren könnten. Und davor haben sie am meisten Angst. Das durchaus nachvollziehbare Bewahren-Wollen des Kindes, das Bieten von Harmonie und „glücklicher Kindheit" sind unrealistisch und können schwerwiegende Störungen beim Kind hervorrufen, wenn das Geheimnis doch eines Tages gelüftet wird.

„Die Adoptierten, mit denen ich gesprochen habe, unterschätzen keineswegs, welche Schwierigkeiten sich auftun, wenn man einem Kind helfen will zu verstehen, warum es adoptiert worden ist. Adoptiertsein bedeutet, daß man weggegeben wurde, egal aus welchen Gründen, und das wieder ist gleichbedeutend mit Zurückweisung. Es ist ganz und gar nicht die Glücksgeschichte, als die es uns eines der neuesten Adoptionsbücher aufschwatzen will. Es ist vielmehr die Urrealität des Lebens dieses Kindes, und wenn es Gelegenheit dazu bekommt, kann es lernen, sie zu akzeptieren – genau wie Kinder akzeptieren lernen, daß ihre Eltern sich scheiden lassen oder daß sich ein geliebtes Wesen im Endstadium seiner Krankheit befindet. **Kinder würden lieber die schwierige Wahrheit erfahren** als die offerierten Ausflüchte hören. Wenn Eltern nicht offen und ehrlich sprechen, ist das der Anfang für das Entstehen eines Musters der Unaufrichtigkeit der Beziehung, das künftigen Täuschungen Tür und Tor öffnet. Diese Lügen, die scheinbar die Eltern-Kind-Beziehung schützen, werden die Erwachsenen-Eltern-Beziehung untergraben." (Lifton, 1982, S. 274 bis 275)

Im folgenden schildere ich authentische Fälle aus meiner Praxis und meinem Bekanntenkreis, die zeigen, welche Folgen bewußt unterbliebene Aufklärung haben kann. Es sind nur wenige Beispiele, die sich aber sicher beliebig erweitern ließen – oft auch mit noch schwerwiegenderen Folgen!

Die Lehre bei der Stadtverwaltung

Christine hat schon als Kind gelegentlich nach „Auffälligkeiten" in ihrer Biographie gefragt. Warum sie eigentlich in Stuttgart geboren sei, die Eltern seien doch nie aus ihrer norddeutschen Kleinstadt herausgekommen, wollte sie wissen. „Wir waren auf der Durchreise", hat die Mutter erklärt, „wir hatten dort unten Urlaub gemacht, und du bist zu früh gekommen. Du hast es schon immer sehr eilig gehabt!" Diese Antwort leuchtet Christine ein. Aber warum es denn keine Babybilder von ihr gebe, wollte sie später wissen. Das erste Foto zeigte sie nämlich erst mit knapp 5 Monaten. „Damals hatte halt noch nicht jeder einen Fotoapparat so wie heute", erwiderte die Mutter. Auch das war Erklärung genug, wenngleich Christine fand, daß man schon eine Kamera anschaffen könne, wenn man sein erstes Kind bekommt – zumal die Familie recht wohlhabend war.
Weitere Berührungspunkte zu der Thematik gab es nicht. Mit 16 Jahren schloß Christine die Schule mit der Mittleren Reife ab und begann eine Verwaltungslehre bei der Stadtverwaltung. Nach 6 Monaten Katasteramt und 3 Monaten Sozialamt wurde sie für 3 Monate ins Ordnungsamt geschickt – Abteilung Meldebehörde. Und dort hatte sie nichts Eiligeres zu tun, als probeweise die Meldekarte ihrer eigenen Familie zu ziehen. Damit war sie dann auch aufgeklärt: Im Alter von knapp 5 Monaten war sie als Baby von Stuttgart nach Norddeutschland gekommen und von Pflegeeltern aufgenommen worden, die sie später adoptierten.
In der Meldestelle wurde sie nach Ankunft unter ihrem Geburtsnamen eingetragen. Auch wurde ein „Sperrvermerk" angebracht, d. h. eine Bemerkung (bei manchen Behörden in Form eines roten Stempels, bei manchen mittels Bleistift, der sich schnell verwischt), daß über dieses Kind keine Auskunft gegeben werden dürfe. Der Sinn dieser Maßnahme ist die Wahrung des Inko-

gnito – es soll nicht durch Zufall herauskommen, wohin das Kind vermittelt wurde. Im Fall von Christine wurde nach Abschluß der Adoption offenbar versäumt, die neuen Daten ein- und die alten auszutragen.

Christine war nicht erschreckt, sie nahm es nicht übel, sie ging nach Hause und sagte ihrer verblüfften Mutter: „Wieso habt ihr mir das nicht gesagt? Ist doch toll, ein fremdes Kind zu nehmen und es aufzuziehen!"

An dem herzlichen Eltern-Kind-Verhältnis änderte sich nichts – für Christine war diese Familienform völlig „normal". Sie sah es pragmatisch: So ist es, und so ist es auch gut.

In anderen Fällen kann diese Gelassenheit nicht aufgebracht werden.

„Gotteskindschaft" und ihre Folgen

In einem Supermarkt erwischt eine Verkäuferin einen 14jährigen Jungen dabei, wie er Nahrungsmittel in seinem Blouson verschwinden läßt. Sie hält ihn fest und benachrichtigt die Polizei. Bei der Vernehmung durch einen väterlichen Kriminalbeamten, der gleichaltrige Söhne zu Hause hat und sich mit dem verstörten, verschmutzten und unsicheren Jungen besondere Mühe gibt, stellt sich folgende Geschichte heraus:

Hannes ist bereits seit über 3 Monaten „unterwegs". Er schläft auf und unter Parkbänken, in aufgebrochenen Baubuden und Gartenlauben. Seine Nahrung klaut er sich in Supermärkten und Kleingärten zusammen. Waschen und Kämmen entfällt, zu rasieren braucht er sich noch nicht. Seine Wege sind immer dieselben: 20 km rund um sein Elternhaus, das er seit der letzten Konfirmationsstunde nicht mehr betreten hat.

An einem Donnerstagnachmittag war er, wie seit Monaten, mit seinem Freund in das Gemeindehaus zum Konfirmationsunterricht gegangen. Nichts deutete darauf hin, daß sich für den Jungen an diesem Tag Grundlegendes ändern sollte. Aber der Pastor sprach über „Gotteskindschaft" und suchte nach einem Beispiel, das dieses besondere Verhältnis von Vater und Kindern verdeutlichen sollte. Da fiel ihm Hannes ein, und er sagte vor 35 schwatzenden, lachenden, kichernden Pubertierenden: „Das müßt ihr euch etwa so vorstellen wie beim Hannes zu Hause – seine Eltern sind ja auch nicht seine leiblichen Eltern. Sie haben Hannes aufgenommen und aufgezogen. Sie lieben ihn aber deswegen nicht weniger."

Hannes, der nie das geringste geahnt hatte, war bis ins Mark getroffen, stand auf, ging hinaus und wurde erst 3 Monate später bei einer Straftat aufgegriffen.

Der Schaden war irreparabel (zumal auch niemand auf die Idee kam, einen Kinder- und Jugendtherapeuten zu Rate zu ziehen). Hannes, der eine völlig „normale" und „unauffällige" Kindheit gehabt hatte, der nie „anders" als andere gewesen war, hatte 2 Jahre später festen Fuß in der kriminellen Szene seines Heimatortes gefaßt. Er war entwurzelt. Es konnte sich ihm niemand mehr nähern. Er war unzugänglich geworden.

Und zu Hause saßen seine Adoptiveltern, die nichts begriffen – und denen nie jemand gesagt hatte, was sie wann und wie und warum sagen müßten.

Angst und Schuldgefühle – Reaktionen auf mißglückte Aufklärung

Kinder, mit denen frühzeitig über ihre Abstammung gesprochen wird, wachsen in dem Bewußtsein heran, daß es 2 Arten gibt, Kinder zu bekommen: Die einen bekommen die Eltern selbst, und die anderen holen sie sich aus Krankenhäusern und Heimen. Betrachten die Eltern diese beiden Formen der Familienkomplettierung als „normal", werden die Kinder es nicht anders erleben. Sie werden sich genauso verhalten wie leibliche Kinder – sie sind eben die „Sorte" Kinder, die sich Eltern aus Heimen holen.

Aus einer Reihe Schilderungen Adoptierter geht hervor, daß eine späte, verunglückte, zufällige oder verkrampfte Aufklärung über ihren Status äußerst negative Erlebnisweisen hervorbringt. Insbesondere werden immer wieder Schuldgefühle geschildert, die offenbar das gesamte Erleben der Person umfassen, das sich am ehesten mit dem Ausspruch beschreiben läßt: „Entschuldigt bitte, daß ich geboren wurde."

So beschreibt die inzwischen 35jährige Barbara A. ihre Gefühle, nachdem sie als 15jährige zufällig ihre Geburtsurkunde im Wohnzimmerschrank entdeckte, wie folgt:

„Es war der Sommer 1959, den ich in den Ferien das erstemal ohne meine Eltern verbrachte. Ich fand das ganz in Ordnung. Meine Eltern waren unterwegs nach Spanien, und ich war in der Zeit für mich und die Wohnung verantwortlich. Ich fand es gut, daß meine Eltern soviel Vertrauen zu mir hatten. Ich war 15 Jahre alt und fühlte mich erwachsen ... In dem Schrank befanden sich, außer unserem sonntäglichen Eßgeschirr, wichtige Akten, Dokumente und Unterlagen, die in jedem geordneten Haushalt zu finden sind. Wie wichtig diese Papiere waren, wußte ich nicht. Ich hatte nie ein Interesse daran gehabt, aber mit Sicherheit sollte ich nicht darin herumkramen. Aber wie es so ist – ich hatte viel Zeit und zuviel Langeweile. Und irgendwann saß ich zwischen Akten, Fotoalben, Dokumenten und sonst noch so Sachen, die meinen Eltern wichtig erschienen. Langsam, aber sicher verwandelte sich die Stube in ein Papierchaos. Ich war wütend, daß ich überhaupt damit angefangen hatte. Ich war sehr bemüht, alles in richtiger Reihenfolge wieder in den Schrank zu legen. Meine Mutter hielt immer pedantisch auf Ordnung. Es war nicht so, daß meine Eltern Geheimnisse vor mir hatten, nur sollten diese Sachen eben nicht unordentlich herumfliegen.

Und dann hielt ich plötzlich ein Schriftstück in den Händen. Es war ein Taufschein, und auf einmal war mein lahm gewordenes Interesse wieder hellwach. Der Taufschein war schon etwas gelblich, die Schriftzüge schwungvoll und künstlerisch.

Tag der Taufe: 1. Dezember 1945.

Name der Getauften: Barbara Z.

Name und Stand und Wohnort der Eltern konnte ich nicht lesen.

Jahr und Tag der Geburt: 19. August 1945.

Auch ich hatte dann Geburtstag.

Nun verstand ich gar nichts mehr.

Wieso stand da ein anderer Name; nur der Vorname stimmte. Ich hielt den Taufschein in den Händen, aber ich ahnte noch nicht, was das alles zu bedeuten hatte. Ich legte ihn wieder hin, aber ein ungutes Gefühl beschlich mich. Mir wurde heiß. Nur meine Hände waren eiskalt, und ich begann zu schwitzen.

Und dann fand ich meine Geburtsurkunde. Mit Schreibmaschine geschrieben. Wieder die gleichen Daten. Es waren wieder meine Daten ...

Heute weiß ich, daß ich zu jenem Zeitpunkt anfing zu begreifen. Es war so entsetzlich!

Mein Bauch fing an zu brennen. Als ob jemand mit dem Messer ein Teil von mir abschnitt. Auf einmal spürte ich hunderttausend Ameisen unter meiner Haut. Mein Mund füllte sich mit Speichel, als ob ich mich übergeben müßte. Das bin ja ich! Mein Gott, das bin ich!

Da stand es schwarz auf weiß: an Kindes Statt angenommen. Nun stand ich selbst vor meinem größten Konflikt, über dessen Tragweite ich mir nicht im klaren war.

Sie war nicht meine Mutter ...

Er war nicht mein Vater ...

Es waren nur meine Eltern!

Ich stand auf, schmiß hinter mir die Stubentüre zu und rannte auf die Straße, rannte und rannte und rannte.

Dann machte ich eine Pause. Anhalten. Denken!

Erst spät abends traute ich mich wieder in die Wohnung."

Diese Version gehört leider nicht der Vergangenheit an (geboren 1945!). Bei meiner Suche-Tätigkeit mit Adoptierten ist dieses die häufigste Schilderung: geahnt wurde lange etwas – manchmal aber auch nicht – und irgendwann tauchen dann Papiere auf. Das betrifft heute noch 30-, 20-, 16-, 14- . . . jährige. Von Jüngeren erfahre ich naturgemäß nicht. Der Zufall scheint auch heute noch einer der wesentlichen „Aufklärer" zu sein. Die psychischen Schäden sind irreparabel – die Beziehung zu den Adoptiveltern auch! Tausende von gelungenen Aufklärungen zur rechten Zeit und durch die dafür zuständigen Adoptiveltern zeigen, daß die Geheimnistuerei mit dem späten „Überraschungseffekt" völlig unnütz ist.

Informationen vom Psychotherapeuten

Über ihre Erfahrungen mit der Aufklärung über den Adoptionsstatus schreibt mir eine 15jährige Schülerin:

„Ich habe erst vor einem 3/4 Jahr erfahren, daß ich adoptiert bin, und meine Mutter vor 6 Wochen gefunden ...

Die ersten 8 Monate nach meiner Geburt war ich in einem Heim. Als meine Eltern mich dann herausholten, war ich ein braves, liebes Kind, das in den ersten 4 Jahren kaum Schwierigkeiten machte. Erst als ich in den Kindergarten kam, hatte ich Angst, verlassen und abgeschoben zu werden. Meine jetzige Mutter verstand nie, warum ich weinte und schrie, wenn sie mich nur 10 Minuten später abholte. Sie hat mich dann immer ausgelacht. Als ich dann in die Schule kam, mußten wir zu Hause fragen, wann wir geboren sind. Mein Vater sagte, ich wäre um 14.00 Uhr geboren, meine Mutter meinte, es war so gegen 8.00 Uhr. Das hat mich gewundert. Ich glaube, ich bin immer schwieriger geworden. Habe dann mit 13 1/2 den Leistungssport beendet und mich mit meiner Mutter gar nicht mehr verstanden. Dann wollte sich meine Mutter scheiden lassen, und ich sollte zu einer Pfarrersfrau, die mich in Pflege nehmen wollte. Ich habe angefangen zu klauen, war 7 Monate im Heim und bin dann rausgeflogen, weil ich plötzlich spürte, daß irgend etwas nicht stimmte. Ich reagierte mit Beißen, Alkohol und Wutausbrüchen.

Ich habe dann mit 15 Jahren meine zweite Therapie angefangen und durch den Psychiater erfahren, daß ich adoptiert bin. Meine Eltern wollten mir das nicht sagen, daß ich adoptiert bin, weil sie Angst hatten, ich würde nicht mehr nett sein, weil ich sie liebe, sondern aus Dankbarkeit. Kann denn ein 6- oder 7jähriges Kind Dankbarkeit spielen?

Wir haben nie wieder über das Thema gesprochen. Nur manchmal sagt meine Adoptivmutter, wenn ich gewußt hätte, was du für einen Charakter bekommst – ich hätte dich nie genommen. Ich habe dann meine Mutter gesucht. Ich war auf dem Standesamt, habe mir die Geburtsurkunde zeigen lassen und erfuhr fast alles. Ich fuhr dann zu dem Wohnort meiner leiblichen

Mutter. Erst 1/4 Jahr später habe ich mich getraut, den Hausbesitzer nach ihr zu fragen. Sie redeten alle über meine Mutter wie über einen Gegenstand, und es tat mir weh, weil ich sie doch liebte. Meine Adoptiveltern wußten nichts von der Suche, nur mein Vater weiß inzwischen, daß ich meine Mutter gefunden habe."

Suchen und Finden

„Du hast mich allein gelassen
so unwahrscheinlich lange.
Du hast meine kleine Hand losgelassen
und bist gegangen.
Aber ich werde Dich suchen
und zärtlich Deine Hand nehmen.
Aus Liebe nehmen,
wie Du damals aus Liebe losgelassen hast."
(15jährige adoptierte Schülerin an die noch
unbekannte leibliche Mutter.)

„... und dann kommt ein Brief. Der Brief,
auf den ich 21 Jahre lang tagtäglich gewartet
habe, für den ich gelebt habe. Mein Sohn
hat mich gesucht, er hat mich gefunden. Alles wird gut!"
(42jährige Mutter, 21 Jahre nach der Abgabe
ihres Sohnes zur Adoption.)

„Man kann Wiedervereinigungen nicht als
erfolgreich oder erfolglos klassifizieren. Unabhängig davon, wen man findet, sind alle
Wiedervereinigungen insofern erfolgreich,
als die Adoptierten das Gefühl geben, daß
sie nun menschlich Boden unter den Füßen
haben, autonome Menschen werden, die
über ihr Leben selbst bestimmen. Aber alle
Wiedervereinigungen, so positiv sie auch

sein mögen, bringen eine Flutwelle von Gefühlen mit sich, auf der die Adoptierten mit
unterschiedlichem Geschick zu reiten verstehen."
(Lifton, 1982, S. 139)

Was bedeutet das Suchen und Finden für die Adoptiveltern?

Alexander ist 17 Jahre alt. Mit ihm wurde von Anbeginn an über
seine leiblichen Eltern gesprochen, und als 13jähriger hatte er
spontan erklärt, seine Mutter „sofort" suchen zu wollen. Das
wurde ihm seinerzeit von seinen Eltern mit der Begründung ver-
wehrt, daß der Zeitpunkt unglücklich sei – für Familie und
Schule gebe es zu viele Unruhen, die keinem zuträglich seien.
Wenn er volljährig sei, bekomme er alle Hinweise und Unterlagen, über die die Adoptiveltern selber verfügen. Nach monatelan-
gem Beharren und Schimpfen und Fordern („Ich *will* aber ... und
wenn ich nicht endlich ... dann haue ich ab, dann könnt ihr sehen, was ihr davon habt ...") und nach beharrlicher Weigerung
der Eltern mit immer den gleichen Argumenten beruhigte er sich
mit der Zeit wieder – der Alltag bringt genug Eigenes. Zeugnisse,
Jugendorchester, Tagesgeschehnisse, Fußballergebnisse sind wichtiger.
Aber dann ist die Frage plötzlich wieder akut:

Alexander: Im nächsten Jahr werde ich 18. Wie ist es dann mit
meinen Papieren?

Vater: Wir geben sie dir dann.

Alexander: Ob ich meine Mutter suchen werde, weiß ich noch
nicht. Wenn ja, macht ihr mit?

Vater: Nein, das mußt du schon allein tun!

Alexander: Warum?

Vater: Ich bin an deiner Mutter doch nicht interessiert, sondern du!

Alexander: Und wenn ich sie gefunden hab', wollt ihr sie kennenlernen?

Vater: Weiß ich noch nicht.

Alexander: Mutter, du?

Mutter: Weiß ich auch noch nicht.

Alexander: Kann ich sie dann mitbringen, wenn sie mir gefällt?

Vater: Nein.

Alexander: Warum das denn nicht?

Vater: Wir sind deine Eltern, und das ist hier unser Zuhause. Hier gehört sie nicht hin.

Alexander: Warum das denn nicht? Schließlich ist sie meine Mutter.

Mutter: Deine Mutter bin ich. Wir haben dich von Anfang an gehabt und großgezogen.

Alexander: Nun sei doch nicht gleich so empfindlich. Das meine ich ja gar nicht. Das ist doch alles klar. Aber sie hat mich immerhin geboren.

Vater: Deswegen muß sie aber nicht in unser Haus kommen.

Alexander: Das ist richtig spießig. Das hab' ich von euch nicht gedacht.

Vater: Na, nun laß uns doch erst mal abwarten. Wir streiten uns hier um des Kaisers Bart.

Alexander: Und du, Mutter?

Mutter: Vater hat recht, laß uns warten. Wir wissen doch gar nicht, ob du sie überhaupt findest. Dann können wir immer noch sehen ...

Alexander: Das ist keine Antwort. Du mußt doch eine Einstellung zu ihr haben.

Mutter: Hab' ich auch. Aber deswegen braucht sie nicht gleich hierherzukommen. Ich will nicht, daß sie uns was zerstört.

Alexander: Das ist doch Quatsch. Du bist meine Mutter. Was soll sie denn zerstören? 18 Jahre kann man doch nicht zerstören. Du bist aber ganz schön ängstlich.

Mutter: Weiß ich nicht. Du kannst sie ja erst mal für dich suchen. Ich glaube nicht, daß wir mit ihr was zu tun haben wollen.

Alexander: Seid ihr denn gar nicht neugierig? Ihr kennt sie doch gar nicht.

Mutter:	Das brauchen wir ja auch nicht. Nein, wir sind auch nicht neugierig. Wir wollten dich, und wir haben dich gekriegt. Wir wissen nichts von dieser Frau, und wir wollen uns nach all den Jahren auch nicht mehr mit ihr auseinandersetzen. Das bringt doch keinem was.
Alexander:	Versteh' ich nicht. Find' ich zickig.

Dieses Gespräch hatte durch Zufall in meinem Beisein stattgefunden. Als Alexander später fortgeht, greife ich das Thema nochmals auf und frage nach.

Nein, sie sind wirklich nicht neugierig, sie sind nicht interessiert, sie wollen wirklich nicht mehr konfrontiert werden. Sie sehen ein, wie wichtig eine Begegnung für ihren Sohn sein kann, aber eigentlich hoffen sie, daß es nicht dazu kommt. Sie gestehen, daß sie so offen über die Suche auch nur gesprochen haben in der Hoffnung, damit das Geheimnisvolle zu entmystifizieren, durch Erlauben die Spannung und den Reiz so gering wie möglich zu halten.

Sie wollen weder mit der Frau noch mit der Vergangenheit noch mit ihrer eigenen Entscheidung damals konfrontiert werden, die auf der eigenen Kinderlosigkeit beruhte. Alexander war gewünscht, ist „gelungen". Er hat seine bestimmte Funktion in der Familie erfüllt, er hat Leid gemildert, oft auch vergessen lassen. Und so soll es bleiben. Die Phase der Kindererziehung ist vorbei, eine erneute Umorientierung der Eltern ist angebahnt – auch berufliche Veränderungen, weil der Sohn in einem Jahr ohnehin „zum Bund" oder ins Studium geht – wozu noch einmal in der Vergangenheit wühlen, die doch so weit zurückliegt und so gut bewältigt wurde?

Panik

Schon in Vorbereitungsseminaren für Adoptivbewerber ist es gegenwärtig: das Gespenst der irgendwann einmal auftauchenden Mutter. „Aber sie kann doch gar nicht ... sie darf doch nicht ...

sie hat doch kein Recht mehr … und was machen wir dann … das geht doch nicht … kann man ihr das nicht verbieten …?" sind die hilflosen und nicht selten erschreckten Reaktionen.

Auch längere Gespräche und Überlegungen helfen wenig, und überzeugen können sie kaum. Der Mythos vom „eigenen" Kind, das einem keiner nehmen darf, wird zwar leicht angekratzt, aber nicht zerstört. „Aufklärung" ja – aber daß diese Aufklärung nicht nur das einmalig fragende Vorschulkind betrifft, sondern daß sie Konsequenzen im Jugend- und Jungerwachsenen-Dasein hat, kann nicht akzeptiert werden. Diese Vorstellung ist noch zu fern, und so soll sie es möglichst auch bleiben!

Die „Mutter, die plötzlich vor der Tür steht", begleitet viele Adoptiveltern – speziell die Adoptivmütter – über alle Jahre der Kindererziehung: angstgebunden, unreflektiert, irrational. Ich frage mich in solchen Fällen manchmal nach den Ursprüngen dieser Angst, die manche Adoptivmütter bis in die nächtlichen Träume verfolgt und die über die üblichen Verlustängste eines Menschen weit hinausgehen. Sie beinhaltet Elemente uneingestandener Schuldgefühle, starke Eifersucht und – bei manchen Frauen kaum zu übersehen – den nicht eingestandenen Neid auf eine andere Frau, die in der Lage war, zu gebären. Ist die Erziehung doch nicht so problemlos und harmonisch verlaufen wie gewünscht, kommt bei manchen Adoptivmüttern auch noch das Gefühl hinzu, die Aufgaben für eine andere Frau übernommen, Opfer gebracht, darüber vieles im Leben verpaßt zu haben. Währenddessen konnte „die andere" ein flottes Leben führen – ohne Last und Müh. Und jetzt, „nach getaner Arbeit", will sie die Früchte jahrzehntelanger fremder Bemühungen für sich ernten.

Diese Gefühle sind *weitgehend unreflektiert,* weitgehend unbewußt. Werden sie angesprochen, kommt es häufig zu stark aggressiv getönten Ausbrüchen, bevor ein ruhiges Gespräch darüber möglich wird. Sie zeigen nur, wie alleingelassen Adoptiveltern mit all diesen Fragen sind, welche Anforderungen sie an sich selbst als „gute Eltern" haben – und wie wenig sie in der Lage sind, über ihre Probleme zu sprechen, die mit allen Fragen der Kinderlosigkeit, der Wahlelternschaft, der befürchteten biologischen Konkurrenz zu tun haben.

In Beratungsgesprächen mit Adoptivbewerbern und -eltern versuche ich es immer mit einem anderen Beispiel: der 16- bis 18jährige Jugendliche, der sich einen Freund oder eine Freundin sucht und mit 18 oder 20 Jahren „aus dem Haus" geht, sich sein eigenes Leben aufbaut und sich vielleicht viel mehr zu der Familie seines Partners, seiner Partnerin hingezogen fühlt – „Verlust" durch entwicklungsbedingte Ablösung und Neuorientierung. „Das ist doch was ganz anderes", „das kann man nicht miteinander vergleichen" sind die Antworten. Die sie aussprechen, sehen sich jedoch nicht in der Lage, dieses „andere" inhaltlich zu füllen, das Spezifische herauszuarbeiten, das die Angst vor der leiblichen Mutter so bedrohlich macht im Gegensatz zu der potentiellen, schwiegerelterlichen Familie, mit der eine enge Freundschaft überhaupt nicht ausgeschlossen wird. Der Glaube an die „Sprache des Blutes" wird rational abgelehnt, ist emotional aber allgegenwärtig.

In keiner meiner Beratungsfälle waren Adoptiveltern in der Lage, eine Einstellung zu finden, wie Sorosky sie aus dem Brief einer Adoptivmutter zitiert:

„Warum sollten wir uns bedroht fühlen, selbst wenn unser Sohn eines Tages seine leiblichen Eltern treffen sollte? Falls er sich mit ihnen anfreunden sollte oder sie sogar liebgewinnen würde, warum sollte das unser Verhältnis zu ihm weniger innig machen? Liebe für einen Menschen wird deshalb nicht weniger, weil wir auch einen anderen lieben. Wenn unser Sohn dadurch, daß er seine leiblichen Eltern kennenlernt und sie liebt, mehr Sicherheit und Glück erfährt, dann wären wir sehr damit einverstanden. Wir lieben ihn, und sein Glück wird uns glücklich machen." (Sorosky, 1982, S. 69–70).

Wenn es das Kind glücklicher, zufriedener und selbstsicherer macht, wollen die Eltern das Finden der leiblichen Mutter gerne dulden. Es sind Eltern, die *keine* Angst haben – das scheint gleichbedeutend mit Eltern, die ihre eigene Geschichte bewältigt haben. Angst, Schuldgefühle, Eifersucht, Verlustängste sind letztlich Ausdruck von Hilflosigkeit und Selbstunsicherheit. Nur Eltern, die sich selber nicht liebenswert genug finden, weil sie sich als „minder" oder „minderwertig" in Teilen ihres Daseins erleben, oder Eltern, die wissen, daß sie ihr Adoptivkind doch nur als Ersatzkind empfinden und behandeln konnten, geraten in Panik, wenn vom „Auftauchen" der leiblichen Mutter die Rede ist.

Liebe wird auch dann nicht weniger, wenn sich ein Mensch einem biologisch wichtigen anderen Menschen zuwendet. Ablösung in der Pubertät, Hinwendung zu anderen Menschen, eigene Orientierungen suchen – dies alles macht auch vielen leiblichen Eltern Angst. Sie können nicht oder nur schwer loslassen – nicht, weil sie ihrem Kind Eigenständigkeit nicht zutrauen, sondern weil sie wissen oder spüren, daß nach der Ablösung auch ihr Leben in eine neue Phase tritt. Auch sie selber müssen sich neu orientieren, ihre Zeit anders gestalten, ihre Existenz anders werten und gewichten und nicht selten einen völlig neuen Kurs einschlagen. Bei Adoptiveltern findet dieser normale Prozeß ebenso statt (wenn er nicht durch gezieltes Anbinden und Abhängigmachen verhindert wird). Die Angst resultiert hier auch weniger vor dem eigenen neuen Lebensabschnitt, der eng ans „Altern" gebunden ist, sondern vielmehr aus dem Stigma der Vergangenheit, wenn dieses nicht zureichend oder überhaupt nicht verarbeitet worden ist.

Für alle an der Adoption Beteiligten liegt hier eine bislang unberücksichtigte oder zu gering gewertete Problematik: Die Reflexion und Bewältigung der eigenen biologischen Kinderlosigkeit muß *vor* der Vermittlung eines Kindes stattfinden! Das Problem Kinderlosigkeit ist durch die Adoption nur scheinbar gelöst: Das Symptom ist kuriert, mehr nicht!

Ein ebenfalls in unserer heutigen Erziehung nicht reflektiertes Thema ist der „Besitz" von Kindern. Wem „gehört" ein Kind, wer hat ein Recht auf ein Kind? Durch die Adoption und die Leihmütterdiskussion ist diese Frage besonders heute wieder aktuell. In einer Zeit, in der alles machbar und käuflich ist und in der der Mensch sich daran mißt, was er hat und sein eigen nennt, ist auch das Kind nicht mehr für einen bestimmten Zeitraum anvertraut, sondern garantierter Besitz auf Lebenszeit. Das betrifft viele Adoptivkinder noch mehr als biologische Kinder, denn sie haben eine ganz bestimmte Rolle zu übernehmen, haben Lücken zu füllen, haben schmerzlindernde Funktionen.

Die rechtliche Situation des Suchens und Findens

Mit der notariellen Einwilligungserklärung hat die leibliche Mutter alle „Rechte" an dem Kind abgetreten. Wenn das Inkognito nicht durch irgendwelche Zufälle verletzt wird (oft genug durch die Fahrlässigkeit der Vermittlungsbehörden selbst!), erfährt sie auch nie, wo sich ihr Kind befindet. Wenn sie es bereits als Säugling abgegeben hat, wird sie es später bei einem zufälligen Treffen auch kaum wiedererkennen – es sei denn, sie hat weitere Kinder vom selben Mann, die sich alle ähnlich sehen. *Juristisch* hatte die Mutter *keine* Möglichkeit, nach ihrem Kind zu forschen. Es besteht kein Rechtsanspruch auf Hilfe bei der Suche und auch nicht auf Informationen über Ergehen und Verbleib des Kindes. Zunehmend – auch im Rahmen der Enttabuisierung des Themas „abgebende Mutter" – sind aber Adoptionsvermittler in Jugendämtern und caritativen Vermittlungsstellen bereit, eine Verbindung zu den Adoptiveltern und über sie zu den (oft schon erwachsenen) Kindern herzustellen. Vielen Vermittlern ist heute bekannt, daß die Vermittlungen in früheren Jahren *gegen* den Willen der Mütter geschah, daß sie „keine Schuld" haben, sehr jung waren und ganz einfach übergangen wurden bei dieser existentiellen Entscheidung. Daraus ergibt sich für die Sozialpädagogen manchmal so etwas wie ein „moralisches Recht", mit Rat und Hilfe zur Verfügung zu stehen.
Adoptivkinder haben ein gesetzlich und gerichtlich verbrieftes Recht auf Wissen über ihre Ab- und Herkunft (Personenstandsgesetz). Im Streitfall *muß* ihnen mit 16 Jahren die Information gegeben werden. (Die meisten wissen es in diesem Alter nicht – die Adoptiveltern ebensowenig – und m. E. wäre 18 Jahre der bessere Zeitpunkt.) Die Kinder sollen um ihre Vorfahren wissen, dadurch soll ihnen ermöglicht werden, ihre Eltern und weiteren Anverwandten zu finden, wenn sie selber es wünschen. Das Suchen hat aber neben der rechtlichen auch eine menschliche Dimension.

Interessen der Kindesmutter

In meinen Interviews mit 75 „abgebenden Müttern" wurde überaus deutlich, welche Interessen die leiblichen Mütter an ihren Kindern haben bzw. welche Erwartungen sie an ein Wiederfinden knüpfen:

- Mit Ausnahme von 2 Müttern hatten alle(!) ein ausgeprägtes Interesse am Wohlergehen ihres Kindes, unabhängig davon, wie lange die Trennung zurücklag – ob 11 Tage oder 30 Jahre!

- Im Vordergrund steht dabei die Frage, ob sich ihr Opfer gelohnt hat, ob sie seinerzeit wirklich im Interesse des Kindes entschieden haben, ob ihre Entscheidung dem Wohl des Kindes gedient hat.

- Gleichzeitig wollen sie erfahren, was aus ihrem Kind „geworden" ist, wie es aussieht, wie es sich verhält, wie es lebt, was es im Leben geschafft hat.

- Ein besonderes Bedürfnis ist es allen Frauen, sich ihren Kindern zu erklären. Sie wollen *ihre* Version des damaligen Geschehens an das Kind weitergeben. Sie wollen dem Kind erzählen, wie es zu der Entscheidung kam, sie wollen berichten, daß es keine andere Wahl gab – oder auch, daß sie zur Fortgabe des Kindes gezwungen worden waren.

- Diese Erklärungen sollen die Schuldgefühle dem Kinde gegenüber verringern helfen. *Die Mütter wollen die Verzeihung ihrer Kinder.* Sie wollen sie wörtlich, und sie wollen sie durch Anschauung: Es war damals richtig!

- Die Mütter haben auch Angst. Sie haben Angst vor dem Urteil – der Verurteilung durch ihre Kinder. Sie haben Angst davor, auch vor ihren Kindern als „schlechte Mütter" dazustehen – so wie sie es seit der Freigabe des Kindes teilweise über Jahrzehnte nicht anders erlebt haben. Sie haben auch Angst vor dem, was sie vorzufinden fürchten: das nicht gelungene Kind, das ihren Verzicht und ihr jahrelanges Leiden Lügen straft, alles überflüssig gemacht hat. Sie haben Angst vor der Erkenntnis: Vielleicht hätte ich es dann doch noch besser machen können damals!

Bei keiner der 75 Mütter habe ich den Wunsch oder Willen festgestellt, das Kind später wieder „zurückhaben" zu wollen. Sie alle waren dafür viel zu realistisch!

Auch wenn die Sehnsucht nach dem Kind groß war, so wußten sie doch, „eigentlich" meinten sie ein anderes Kind – *das* Kind, das ihnen seinerzeit abhanden gekommen war. Sie meinten ihr Baby, sie meinten die Vergangenheit, von der sie nur allzugut wissen, daß sie nicht wiederherstellbar ist.

Sie begründeten ihre Einstellung auch „rechtlich", wobei ein Teil der Mütter das Recht auf das Kind im juristischen Sinne („Ich habe damals alle Rechte abgetreten") und ein anderer Teil im moralischen Sinne argumentiert („Wer sein Kind weggibt, hat alle Rechte an ihm verloren").

Gefunden – und kein Ende!

Leibliche Mütter leben in Erwartung eines Wiedersehens mit der oft unbewußten Vorstellung, endlich Ruhe zu finden, mit dem Kind die alte (vorgeburtliche!) Einheit wiederherzustellen, mit ihm erneut zu verschmelzen. Da die Trennung von dem Kind in den wenigsten Fällen verarbeitet worden ist, sind diese Phantasien bei manchen Frauen zu einer „fixen Idee" geworden.

Nur sehr wenige Mütter „finden" ihr Kind oder werden von ihm gefunden. Und sie alle erleben, daß es die ersehnte Ruhe nicht gibt, daß sie sich jetzt plötzlich aktiv auseinandersetzen müssen.

Eine Mutter schreibt:

„Und da steht plötzlich eine junge Frau vor mir – 22 Jahre alt –, mein Baby, das mir vor 21 Jahren fortgenommen wurde und von dem ich nur noch ein paar alte Fotos hatte. Sie sieht mir ähnlich, sie sieht auch ihrem Vater ähnlich, sie ist so stolz und selbstbewußt. Sie redet mich mit dem Vornamen an. Wie oft habe ich davon geträumt, von meiner Tochter „Mutter" genannt zu werden. Auf einmal ist das alles anders ..."

Ein halbes Jahr später:

„Ich muß mich damit zufriedengeben, ihre Freundin zu sein, eine sehr gute und vertraute Freundin. Ich bin nicht ihre Mutter. Ihre Mutter ist ihre Adoptivmutter, das hat sie mir in einem Brief vor kurzem ganz deutlich gesagt. Für mich war das ganz furchtbar, und ich habe lange darüber geweint. Aber sie hat ja recht. Sie mag mich gerne, und sie möchte mich auch nicht verlieren. Aber die Tatsache der rein biologischen Geburt hat für sie keine Bedeutung – ich glaube, so hatte sie sich dabei ausgedrückt.

Langsam beginne ich das zu akzeptieren. Es hat mich lange Zeiten der Trauer gekostet, die ich nur durch die Geduld und Hilfe meines Mannes durchstehen konnte. Ich will nun dankbar sein für das, was ich habe, dafür, daß ich sie jemals noch gefunden habe. Und ich will dankbar sein, daß es noch ein paar gemeinsame Jahre für uns geben wird."

Eine andere Mutter hat von sich aus die Initiative ergriffen und ihre Tochter gefunden – und steht plötzlich vor der Aufgabe, sich mit der Adoptivmutter auseinanderzusetzen, genau wie diese sich mit der leiblichen Mutter auseinandersetzen muß: „Die Sozialarbeiterin hatte auf meinen Wunsch hin die Familie angerufen und gesagt, daß ich meine Tochter kennenlernen möchte, jetzt, da sie volljährig ist. Natürlich nur, wenn sie selber es auch möchte. Daraufhin ist die Adoptivmutter regelrecht zusammengebrochen. Der Vater hat gesagt, er habe all die Jahre damit gerechnet, aber seine Frau habe das immer weit von sich gewiesen. Es war auch kein Thema zwischen den beiden! Sie haben dann nach ein paar Tagen Bedenkzeit die Tochter gefragt, was sie selber will, und sie wollte mich gerne kennenlernen.

Der Adoptivmutter ging es dann lange sehr schlecht. Ich habe immer wieder gesagt, ich nehme ihr nichts weg. Und meine Tochter hatte ja dort auch ihr Zuhause – da standen gar keine Veränderungen an. Ich habe ja auch gar keine Rechte oder Ansprüche, und daran halte ich mich auch. Ich bin ja schon für das dankbar, was überhaupt möglich wurde: meine Tochter wiederzusehen!

Ich habe manchmal gedacht, da spielt auch noch was ganz anderes rein. Meine Tochter ist 24 Jahre, ich bin 42, und die Adoptivmutter ist schon über 60. Sie ist ein ganz lieber, warmherziger Oma-Typ, und ich sehe viel jünger aus, als ich bin. Ich werde oft für die ältere Schwester von Vera gehalten, wenn wir gemeinsam zum Sport gehen. Ob ihr das zu schaffen macht? Ob sie vielleicht denkt: Die hat ihr Leben ja auch genießen können, während ich 2 fremde Kinder großgezogen habe? Die hat ja auch jung bleiben können, die hat ja auch keine Sorgen gehabt und nicht nachts bei den Kindern gewacht und sich nicht abgerackert? Und vielleicht auch, daß sie denkt, ich bin jetzt fast am Ende meines Lebens, und sie ist noch so jung und hat jetzt das Kind doch noch länger als ich?

Ich bin dieser Frau sehr dankbar dafür, was sie aus meiner Tochter gemacht hat. Aber ich habe ihr mein Kind nicht gegeben, von mir aus hätte sie es nicht gekriegt. Sie hat es gewollt und all die Jahre gehabt, gegen meinen Willen, und ich wußte nicht einmal, wo es ist. Ist es da nicht nur gerecht, daß ich wenigstens jetzt noch ein bißchen teilhaben darf? Ich nehme ja niemandem etwas. Und wenn die Mutter sich plagt und sorgt – deswegen werde ich jetzt nicht noch einmal mein Kind aufgeben. Wir müssen beide mit unserem Schicksal fertig werden. Und meines war sicher schwerer als ihres!"

Wie finden leibliche Mütter ihre Kinder?

Prinzipiell sei vorweg gesagt: Mütter sollten nicht vor Volljährigkeit des Kindes suchen: Adoptiveltern sollten möglichst auch nicht vor Volljährigkeit alle Informationen herausgeben, die eine Suche ermöglichen – dann jedoch sollten sie es tun. Wenn eine Mutter keine näheren Hinweise (z.B. durch Indiskretionen) bekommt, gibt es nur eine Möglichkeit: die Vermittlung zwischen mütterlichem Wunsch und adoptivelterlicher Einwilligung durch die frühere Adoptionsvermittlungsstelle. Diese kennt zumindest die alte Adresse und kann einen Kontakt herstellen.

Diejenigen Vermittlungsstellen, die sich auf eine solche Rolle einlassen, wenden sich nach Anfragen der Mutter zunächst einmal (meist telefonisch) an die Adoptiveltern, um nachzufragen, wie diese ein Kennenlernen einschätzen. Vor allem erkunden sie, ob der Adoptierte überhaupt über seinen Status aufgeklärt ist. Ist das nicht der Fall, sollte der Sozialarbeiter dieses Gespräch zum Anlaß nehmen, dringend auf die Notwendigkeit hinzuweisen, auch wenn es schon (fast) „zu spät" ist. Meistens weiß oder ahnt der

Adoptierte doch etwas, und das endlich klärende Gespräch wird mit großer Erleichterung wie ein reinigendes Gewitter empfunden.

Ob es in so einem Fall angebracht ist, ziemlich bald darauf die erste Begegnung mit der leiblichen Mutter folgen zu lassen, muß im Einzelfall gut abgeschätzt werden. Je nach Verarbeitung der „neuen" Tatsachen muß vielleicht erst einmal eine längere Phase der Konsolidierung zwischen Adoptiertem und seinen Eltern abgewartet werden. Besteht ein sehr gutes Vertrauensverhältnis, das auch durch eine solche Mitteilung nicht erschüttert werden kann, bestehen keine Bedenken, die „Aufklärung" bis in die Konsequenz des Kennenlernens der Mutter „in einem Abwasch" zu erledigen.

Wenn die Eltern zögern, ob sie mit ihrem „Kind" über die plötzlich aufgetauchte Mutter sprechen sollen, müßte der Sozialarbeiter auch hier eine vermittelnde Rolle übernehmen, indem er die Ängste der Eltern aufgreift und anspricht. Er redet mit ihnen – vielleicht zum wiederholten Male – über die Bedeutung eines solchen Treffens für den Adoptierten oder er „vermittelt" auch ganz praktisch zwischen Kind und Eltern, Eltern und Mutter, Mutter und Kind – stellt sich vielleicht sogar als Kontaktperson für ein erstes Gespräch zur Verfügung.

Leiblichen Müttern sind bei der Suche die Hände gebunden. Sie sind völlig auf den guten Willen und die Einrichtung von Vermittlungsbehörden und/oder Adoptiveltern angewiesen. Eine Mutter, die vom Jugendamt eine Absage bekommt, weiß nicht, ob der Sozialarbeiter den Kontakt nicht herstellen will, oder ob er ihr irgendeine Information vorenthält (lebt das Kind eigentlich noch?). Sie erfährt nicht, ob er überhaupt mit den Eltern gesprochen hat oder lügt, wenn er sagt, daß sie nicht wollen. Wollen sie nicht oder will das Kind nicht? Weiß das Kind überhaupt von der Adoption, von mir, von seiner Vorgeschichte?

Leiblichen Müttern sind aber – auch unabhängig von verfahrenstechnischen Fragen – die Hände gebunden: Ihre Schuldgefühle lassen sie teilweise handlungsunfähig werden. „Ich habe damals versagt", „Ich habe nicht genug um das Kind gekämpft", „Ich habe für alle Zeit das Recht an dem Kind verloren" – solche Gedanken lassen viele Mütter trotz großer Sehnsucht und trotz lebenslangen Wartens nicht selber aktiv werden.

Die Behörden andererseits sind froh über diese Zurückhaltung. Sie müssen nicht nur keine Zeit investieren, sondern sie brauchen sich im nachhinein mit ihrem früheren Handeln auch nicht konfliktreich auseinanderzusetzen. Notfalls schieben sie den Datenschutz, den Personenschutz, das Inkognito vor. In manchen Fällen müssen sich die Mütter noch 20 Jahre nach der Adoption pädagogische Predigten anhören, die von Intoleranz, Ignoranz, Bestrafungstendenzen und Gleichgültigkeit dem Leiden eines Menschen gegenüber nur so strotzen.

Ein Sozialamtmann schreibt an eine schwerkranke „abgehende Mutter", die ihre volljährige Tochter vor ihrem Ableben wenigstens einmal sehen möchte: „Prüfen Sie selbst, was Sie zu der jetzigen Bitte – oder sollen wir besser Sache sagen – veranlaßt ... Liest man Ihren Brief ... so stellt sich die Frage, ob es neben der Reue und dem Verlangen nicht noch andere Werte gibt, die das Leben lebenswert und freudig gestalten lassen. Versuchen Sie bitte für sich selbst, diese Werte wiederzufinden ..."

Viele Vermittler müssen sich freimachen von Ressentiments, von Vor-, Pauschal- und Negativurteilen den Müttern gegenüber. Und sie müssen sich freimachen von der Illusion, daß eine Adoption für die Jugendbehörde dann abgeschlossen ist, wenn sie vom Vormundschaftsgericht bestätigt wurde. Die Verantwortung der Pädagogen geht weiter – das einmalige „Schicksal-Spielen" in der Vermittlungsphase reicht nicht aus, um eine Jugendhilfemaßnahme für alle Zeiten positiv wirken zu lassen.

Frauen, die mit den Vermittlungsbehörden auch später bei der Suche nach ihrem Kind schlechte Erfahrungen machen (sie werden zum Teil einfach abgewiesen oder nach Aussagen einer Mutter „wie schwachsinnig behandelt"), greifen zu anderen Mitteln: Sie versuchen, die Spuren des Kindes von der Entbindungsklinik (Hebamme) oder dem Säuglingsheim aus aufzunehmen und tasten sich über verschiedene Behörden vor – in der Hoffnung, daß es irgendwo Lücken gibt, ein Sperrvermerk nicht eingetragen wurde oder ein Beamter Gnade vor Recht ergehen läßt.

Wenn die Mütter wissen, in welche Stadt oder welchen Landkreis das Kind seinerzeit vermittelt wurde, versuchen sie es auch über Zeitungsanzeigen. In den USA, in denen es keine Meldepflicht gibt, ist das die Methode der Wahl – und sie soll sogar öfter Erfolge zeitigen!

Wie können Adoptierte ihre leiblichen Eltern suchen?

● Die Urkunden, die dem Kind mitgegeben wurden (Geburtsurkunde, Taufschein, Impfpaß, Säuglingspaß usw.) geben nähere Auskünfte über die leibliche Mutter, die leiblichen Eltern: Namen, Adresse, eventuell Geburtsdatum.

● Mit diesen Grunddaten kann die Suche beginnen.

● Das oft schnellste und erfolgreichste Unternehmen ist, sich an die Vermittlungsstelle zu wenden, die seinerzeit die Adoption in die Wege geleitet hat. Immer mehr Mütter halten die Behörden beabsichtigt „auf dem laufenden", lassen ihre Akte auf den neuesten Stand bringen: Umzüge, Adressenänderungen, Namens- bzw. Personenstandsänderungen. Gleichzeitig betonen sie – und lassen es in die Akte aufnehmen –, daß sie an einem Wiedersehen mit dem Kind interessiert seien, daß das Kind sich also nicht scheuen solle, Kontakt aufzunehmen – es werde erwartet und ersehnt. Sein Auftauchen werde keinen familiären Schaden anrichten (häufigstes Argument, die abgebenden Mütter „in Ruhe zu lassen").

● Ist der Sachbearbeiter zu einer Kooperation nicht bereit (Ausreden: Akte ist verlegt, Akte ist schon vernichtet, Mutter sollte nicht gestört werden, Suche ist unüblich, Adoption ist rechtlich in sich abgeschlossen, man könne nicht helfen u. a.), helfen in der Regel ein Insistieren, Hartnäckigkeit, die Beschwerde, die Eingabe höheren Orts (Amtsleiter, besser noch Sozialdezernent, vor Wahlen auch Kommunalpolitiker).

● Wurde die Akte durch die Mutter bzw. den Vermittler nicht aktualisiert, helfen nur persönliche Nachforschungen: Anschreiben der alten Adresse (nicht immer erfolglos, manche Menschen sind sehr seßhaft), Erkundigungen bei früheren

Hausmitbewohnern und Nachbarn, bei früheren Arbeitgebern
– allerdings unter anderem Vorwand, um die Mutter vor übler
Nachrede zu schützen!

- Erkundigungen im Kinderheim, falls das Kind dort früher untergebracht war, helfen auch manchmal. Dort kann auch nach
weiteren Stationen vor der Adoption gefragt werden. Eventuell
sind dort auch Angehörige der Mutter bekannt – je kleiner das
Gemeinwesen, desto mehr Informationen gibt es!

- Über An-, Ab- und Ummeldungen verfügen meistens folgende
Behörden: Ordnungsamt (Meldebehörde), Jugendamt, Finanz-
amt, Krankenkasse (meist die AOK), Rentenversicherungsträ-
ger. Fall sie sich wenig kooperativ zeigen: Einzelne Sachbearbeiter sind mündlich öfter besser zu überzeugen. Schriftliche
Anfragen erbringen oft nichts! Auf alle Fälle muß das „berechtigte Interesse" anhand von vorgelegten Dokumenten (Kopien!)
dargelegt werden.

- In überregionalen Zeitungen/Frauenzeitschriften zu annoncie-
ren wäre noch ein letztmögliches Mittel (in den USA üblich).

Die erste Kontaktaufnahme ist sehr problematisch, wenn die
Mutter nicht irgendwo hinterlassen hat, daß sie sich sehr gerne
suchen und finden lassen möchte. Die angstbesetzten Fragen:
„Will sie mich überhaupt sehen, kennenlernen?" und „Trete ich
nicht als ein Störenfried in ihr Leben; mache ich ihr etwas kaputt
durch mein Erscheinen?" hindern viele Adoptierte, ganz offensiv
Kontakt aufzunehmen.

Aus allen Untersuchungen, die dazu angestellt wurden (Lifton,
Sorosky, Swientek u. a.), ging bislang eindeutig hervor, daß fast
alle Mütter nicht nur nichts gegen eine Kontaktaufnahme einzu-
wenden haben, sondern daß sie es über viele Jahre herbeisehnen!
Bei den von mir interviewten Mütter war *keine*, die einen Kontakt abgelehnt hätte!

Jeder Suchende muß dann die ihm gemäße Form des Erstkontakts
finden. Der spontane Anruf „Ich bin dein Sohn!" –, der Anruf unter einem anderen (oft beruflichen) Vorwand – wobei sich der Betreffende später zu erkennen gibt – oder der ausführliche Brief
mit Schilderung des ganzen bisherigen Lebens: Leicht macht es
sich keiner mit der Wahl des Mittels. Die kürzeste und „ungefähr-

lichste" Form, die ich je kennengelernt habe, war die Karte eines 25jährigen Sohnes zu Weihnachten an seine leibliche Mutter: „... wünscht Dir Ulrich, Tel. ..." Die Mutter wußte sofort, von wem die Karte kam, und rief noch am selben Tag zurück. Hätte sie nicht gewollt oder hätte die Gefahr bestanden, durch Familienangehörige, die nicht Bescheid wußten, entdeckt zu werden, hätte sie bei diesem unverfänglichen Text ohne weiteres sagen können: „Ich weiß nicht, was das soll. Das muß ein Versehen sein!" (Über alle Techniken, Schwierigkeiten und Freuden des Suchens und Findens vgl. Swientek, Christine: Wer sagt mir, wessen Kind ich bin?, Herder/Spektrum Nr. 4163).

Zusammenfassung

Zusammenfassend sollen Adoptiveltern darauf hingewiesen werden, daß sie sich so früh wie möglich so viele Informationen wie möglich über die leiblichen Eltern beschaffen. Auch sollten sie sich ernsthaft prüfen, ob sie der Kindesmutter nicht anbieten könnten, einen losen Kontakt über Dritte bei Wahrung des Inkognito (Verwandte, Jugendamt, Pfarrgemeinde ...) zu pflegen. Die Mutter wird nicht vollständig von ihrem Kind abgeschnitten, sie kann „ aus der Ferne" seine Entwicklung nachvollziehen – und die Adoptiveltern können jederzeit ihrem Kind über die Mutter berichten, die dann auch ohne langwieriges Suchen für ein persönliches Kennenlernen zur Verfügung steht, wenn der Zeitpunkt gekommen ist.

Wir nennen diesen Kompromiß die „halboffene Adoption". Sie lockert das Incognito, ohne das Arrangement zu gefährden. Dort, wo es praktiziert wird, sind alle drei „Parteien" zufriedener – sie sind über viele Jahre oder zwei Jahrzehnte Kommunikationspartner. Die sogenannte „offene Adoption" hingegen scheint selten zu funktionieren. Genaue Auskünfte, Austausch von Erfahrungen und Nachuntersuchungen (10 bis 15 Jahre später) müssen uns erst einmal Auskunft geben über die Verläufe, die Chancen, Gefährdungen und Erfolge.

Solange unser Sozialsystem noch die Adoption zum Ausgleich sozialer Ungerechtigkeiten benötigt, wäre das eine Möglichkeit, diese Art der Fremdplazierung für alle Beteiligten zu humanisieren, indem sie transparenter wird und niemand „auf der Strecke bleibt" – zunächst nicht die Mutter, später nicht das entwurzelte Kind, das seine Herkunft und somit einen Teil seiner Identität nicht finden kann.

10 Anmerkungen über die „Aufklärung" von Adoptivkindern

1) *Vor* der Aufnahme eines Adoptivkindes *muß* die eigene Kinderlosigkeit bewältigt worden sein. Adoptivkinder sind keine Ersatzkinder!

2) Potentielle Adoptiveltern sollten im Vermittlungsverfahren versuchen, soviel wie möglich über die leiblichen Eltern „ihres" Kindes zu erfahren. Nur mit genauen Informationen können sie später Gespräche mit ihren Kindern führen. Exaktes Nachfragen nach der Motivation der Kindesmutter zur Freigabe des Kindes hat außerdem die Funktion, die Behörden in ihrer Vermittlungspraxis zu kontrollieren.

3) Bei Vermittlung eines Kindes sollten die Adoptiveltern um weitere „Materialien" nachsuchen: frühere Bilder des Kindes, ein Bild der Mutter/der Eltern, ein Brief der Mutter an das Kind, ein früheres Spielzeug u. a. Leibliche Mütter sind zur Hergabe dieser Dinge oft gerne bereit, wenn ihnen der Sinn erklärt wird. Selber wagen sie selten, so etwas anzubieten, weil sie Zurückweisung befürchten. Auch geben Vermittlungsstellen diese persönlichen Dinge oft nicht an die Adoptiveltern weiter.

4) Adoptiveltern sollten sich überlegen, ob sie im Wege einer Humanisierung der Adoption der abgebenden Mutter einen regelmäßigen schriftlichen Kontakt anbieten können (Austausch von Informationen, Fotos usw.). Bei einem Briefwechsel über Dritte (Verwandte, Freunde der Adoptiveltern, Vermittlungsstelle, Pfarrer ...) wird trotzdem das Inkognito gewahrt.

5) „Aufklärung" ist kein einmaliges, punktuelles Informations-

gespräch, sondern eine lebenslange Auseinandersetzung zwischen Eltern und Kindern.

6) *Jede* Frage des Kindes wird wahrheitsgemäß beantwortet – soweit die Antwort dem Kinde nicht irreparablen Schaden zufügen kann. „Vertrauen existiert nicht, wenn Geheimnisse nicht gelüftet werden; Realitätsprüfung ist unmöglich, wenn man stets nur mit Halbwahrheiten konfrontiert wird." (Lifton, 1982)

7) Jede Frage wird dann beantwortet, wenn sie gestellt wird. In der Formulierung der Frage läßt das Kind erkennen, daß es in der Lage ist, entsprechende Antworten zu verstehen und zu verarbeiten.

8) Adoption hat neben der individuell-karitativen auch eine sozial- und entwicklungspolitische Dimension. Eltern müssen sich darauf einstellen, daß ihre heranwachsenden Kinder nach politischen Hintergründen fragen. Sie brauchen möglichst *vorher* entsprechende Informationen und den Willen, sich auf politische Diskussionen einzulassen.

9) Zum Finden der eigenen „Wurzeln", der eigenen Identität, ist das Finden der leiblichen Eltern notwendig, wenn es vom Adoptierten selbst gewünscht wird.
Adoptiveltern sollten bei Volljährigkeit des Kindes alle Möglichkeiten schaffen, die es dem Adoptierten ermöglichen, nach seinen leiblichen Eltern zu suchen. Bei einem positiven Eltern-Kind-Verhältnis besteht keine Gefahr, daß der Jugendliche sich nach Kennenlernen der biologischen Mutter von seinen Adoptiveltern abwendet.

10) Das Adoptivkind ist sowohl ein „besonders" als auch ein „ganz normales" Kind. Auch seine Erziehung ist „ganz normal", weist aber gelegentlich „Besonderheiten" auf. Adoptiveltern sollten sich zu keiner Phase der Adoption scheuen, Rat und Hilfe anderer in Anspruch zu nehmen. *Leibliche* Eltern können aufzeigen, daß auch in biologischen Familien nicht alles nach Wunsch und in Harmonie verläuft. *Adoptiveltern* können berichten, wie sie selber adoptionsspezifische Probleme gelöst haben, und *Vermittlungsbehörden* werden ihrer gesetzlich geregelten Verpflichtung zur Beratung von Adop-

tivfamilien nachkommen und ihre fachlich-pädagogisch-the-
rapeutische Kompetenz einsetzen.

Und merke: „Adoption ist nur *eine* von vielen wichtigen Dingen
in Ihrem Familienleben. Es ist weder nötig, das Thema zu vermeiden, noch es besonders zu betonen oder ständig ins Gespräch zu
bringen" (aus einer englischen Aufklärungsbroschüre).

Kinder- und Jugendbücher als Gesprächshilfen und als Einstieg in Informationen über den Adoptionsstatus

Empfehlung: Auf alle Fälle vorher lesen und auf „Einsetzbarkeit" bei den eigenen Kindern überprüfen!
Möglicherweise sind Bücher, die älter als 3 Jahre sind, im Buchhandel nicht mehr zu erhalten. Stadtbüchereien haben sie jedoch häufig noch in ihrem Repertoire!

* (Die mit Sternchen versehenen Bücher hat Regula Giuliani kommentiert)

Kurzbesprechungen – nach Lesealtersstufen geordnet

Lachlan, Patricia Mac: *Schere, Stein, Papier. Sophies Geschichte.* München/Wien 1994 (Hanser)
Eine sehr zarte und einfühlsame Geschichte um ein „Findelkind", dessen Mutter nach einem Jahr wieder auftaucht.
(Für Kinder schwer einzuschätzen. Eltern sollten es auf *alle* Fälle vorher lesen.)

Bollinger-Savelli/Stiemert: *Gackitas Ei.* München 1979 (Parabel-Verlag)
Das Huhn Gackita lebt mit ihren Schwestern auf einem Hühnerhof. Sie wird von den anderen Hühnern nicht für voll genommen, weil sie keine Eier legen kann. Eines Tages findet Gackita bei einem Spaziergang ein großes Ei. Ganz stolz brütet sie tagelang – und brütet ein Krokodiljunges aus. Trotz anfänglichen großen Erschreckens nimmt sie sich seiner an, nennt ihn Kroberto und zieht ihn gegen den Widerstand ihrer Hühnerschwestern auf. Nach vielfachen erzieherischen Schwierigkeiten gibt es ein Happy-End.
(Bilderbuch, sehr schöne großformatige Illustrationen. Geeignet ab etwa 3–4 Jahren, einsetzbar als Gesprächsaufhänger.)

Pascal/Sophie: *Tinka.* Frankfurt/Main 1995 (Moritz)
Tinka ist ein Hasen-Katzen-ähnliches süßes Wesen, das von seinen
Eltern jenseits des Meeres in eine Bambuskiste gesetzt wird, weil
Krieg herrscht. Natürlich wird Tinka gefunden am anderen Ende
der Welt – und natürlich von einem jungen, kinderlosen Paar, das
Tinka „adoptiert". Leicht kitschig – aber Kinder lieben Kitsch.
Schöne Illustrationen (geeignet für Eltern mit Kindern ab 5 Jahren,
die ebenfalls über den großen Teich kamen – so wie die Autorin
übrigens auch).

* Keller, Holly: *Tätzchen,* München 1992 (ars edition).
Ein Bilderbuch für die ganz Kleinen. Tätzchen ist angenommen. Es
hat nicht Streifen wie seine Eltern, sondern es hat Pünktchen, sein
Fell ist gelb, das seiner Eltern ist rotbraun. Tätzchens Mutter erzählt jeden Abend dieselbe Geschichte: „Wir haben dich bei uns
aufgenommen, als du ein winzig kleines Baby warst ..." Aber Tätzchen hört nicht richtig zu, es findet die Geschichte eher langweilig.
Eines Tages aber merkt Tätzchen, daß es anders ist, es macht sich
auf die Suche nach einer Familie, in die es wirklich hineinpaßt und
findet prompt auch eine, wo alle Kinder gelbes Fell und Punkte haben. Aber dann merkt Tätzchen, daß es zu denen nicht richtig gehört, es sehnt sich nach seiner gestreiften Mutter und kehrt brav
ins Elternhaus zurück.
Die Bilder sind einfach, den Kindern gefällt es, es greift einen besonderen Aspekt der Adoptionsproblematik heraus und will Mut
machen zur Suche, zeigt aber auch, daß das Problem der Zugehörig-
keit nicht eine eindeutige Lösung erfahren kann.

* Ahlberg, Janet und Allan: *Baby sucht Mama.* Hamburg 1990 (Oetinger)
Bilderbuch für die ganz Kleinen. Das Baby ist arm dran, es muß sich
selbst wickeln, füttern und einsingen. Das gefällt dem Baby nicht,
deshalb macht es sich auf die Suche nach einer Mama. Es trifft eine
Katze, aber die will auch nicht Babys Mama sein, will aber bei der
Suche mithelfen, desgleichen ein Teddybär, ein Aufziehhuhn, ein
Opa.
Schließlich fängt es an zu regnen, alle stolpern übereinander und
das Chaos ist perfekt. Aber o Wunder, eine Mama kommt mit lee-
rem Kinderwagen. Sie ist herzlich gern die Mama von dem Baby,
nimmt es mit, badet und füttert es, das Glück ist groß, bis das Baby
merkt, daß ihm noch der Papa fehlt. Auch der wird gefunden.
Auch hier tolle Bilder, und die Kinder finden vor allem schön, wie
selbständig das Baby schon am Anfang ist, daß es sich selbst wik-

keln kann. Aber genau so spannend ist dann, bis die Familie endlich zusammen ist.

* Kordon, Klaus: *Der große Fisch Tin Lin.* Ravensburg 1990 (Ravensburger)
Bilderbuch mit Text, ab 5 Jahre.
Jolko und Mila können keine Kinder bekommen, wollen aber welche. Zum Glück retten sie eines schönen Tages einen Fisch, der ans Ufer geschwemmt wurde. Der will ihnen einen Wunsch erfüllen. Natürlich wollen sie ein Kind. Also nimmt der Fisch sie auf dem Rücken mit in ein fernes Land, wo ein Kind auf sie wartet, nämlich ein kleines schwarzes Mädchen, das einsam vor einer Hütte sitzt. Aber Mila und Jolko wollen kein schwarzes Kind, sondern ein weißes, weil sie ja weiß sind. Der Fisch ist betrübt, aber er macht ihnen einen neuen Kindervorschlag, ein braunes Kind, das wollen Jolko und Mila aber auch nicht. Auch nicht ein gelbes. Da wird's dem Fisch zu bunt, er trägt sie durchs brodelnde Meer, wirft sie aus Wut ins Meer, wo sie von den Insulanern gerettet werden. Die Kinder hatten um Hilfe geschrien.
Mia und Jolko werden angenommen, von den Kindern zuerst, dann von den andern. Die Geschichte geht gut aus, stimmt optimistisch trotz und auch wegen der Düsternisse.

Korschunow, Irina: *Der Findefuchs. Wie der kleine Fuchs eine Mutter bekam.* München 1983[2] (dtv-junior)
Der kleine Fuchs hat seine Mutter verloren – sie wurde erschossen und kehrte deshalb nicht zu ihm zurück. Eine fremde Füchsin findet ihn, will zunächst weitergehen, weil sie zu Hause schon 3 eigene Fuchskinder hat. Doch dann nimmt sie den „Findefuchs" mit in ihren Bau – trotz vieler Gefahren auf dem Wege dorthin.
Als sie am nächsten Tag der verständnislosen Fuchsnachbarin ihr neues Kind vorstellen will, findet sie es nicht mehr unter den Geschwistern heraus. Sie sind alle gleich – und sie hat sie alle gleich lieb.
(Eine sehr einfühlsame Geschichte für Kinder etwa ab 4–5 Jahren. Sehr ansprechende Farb- und Schwarzweiß-Illustrationen. Guter „Einstieg", auch wenn ein Kind von alleine keine Fragen stellt.)

Wikland, Iloni/Schwartz, Marlene: *Wie Tine ihre Eltern bekam.* Ravensburg 1985 (Otto Maier)
„Es waren einmal ein Mann und eine Frau, die hatten sich sehr lieb ... Sie waren nicht richtig glücklich, denn sie hatten keine Kin-

der ..." – so beginnt Tines Adoptionsgeschichte. Der Mann und die Frau müssen lange warten, bis sie Nachricht von einem kleinen Mädchen erhalten, das elternlos in einem Heim lebt.

Diese Tine dürfen sie dann zu sich nach Hause holen und adoptieren. Nach langer Zeit fragt Tine: „Wie war das noch, warum bin ich nicht in deinem Bauch gewesen?" Und Tines Adoptivmutter erzählt ihr kindgerecht die kurze Geschichte ihrer Adoption. Auf Tines Frage: „Warum hat mich meine erste Mutter nicht behalten?" muß die Mutter sehr realistisch mit „Ich weiß nicht" antworten.

(Für Adoptivkinder ist ein kleines Bilderbuch mit vielen bunten Illustrationen und einem kurzen Text geschrieben worden. Ein Büchlein für 4- bis 5jährige, das sich gut als Gesprächseröffnung eignet. Es hat außerdem den Vorteil, daß es durch seine Einführung die „Normalität" des Daseins als Adoptivkind – neben mehreren anderen Familienkind-Formen – deutlich macht.)

Sprenger, Christiane: *Liebe Schwester – blöde Kuh.* Würzburg 1982 (Arena Tb)

Die Eltern des 9jährigen Tobias wollen die gleichaltrige Jette aus dem Heim zu sich holen und adoptieren. Tobias muß plötzlich alles teilen. Zu Hause und bei seinen Freunden steht er auch nicht mehr so wie bislang im Mittelpunkt. Er fühlt sich von allen vernachlässigt und haßt daher seine neue Schwester. Abwechselnd berichten Tobias und Jette in der Ich-Form von den Geschehnissen und von ihren Gefühlen.

(Taschenbuch mit Schwarzweiß-Illustrationen. Zu empfehlen ab etwa 9–10 Jahren bei etwa gleicher Problematik.)

Kühl, Katharina: *Eine Schwester für Christine.* München 1985 (C. Bertelsmann)

Christine, 10 Jahre alt, fühlt sich daheim als Einzelkind einsam. Die Eltern haben sich gegenseitig und sie hat immer nur die Tiere, die sie von draußen mitbringt. Sie wünscht sich eine gleichaltrige Schwester – und sie bekommt sie!

Nur ist diese (ungeliebt, mißhandelt, hin- und hergeschoben) mit ihrem „Verlierergesicht" und den struppigen Haaren nicht gerade das, was Christine sich als Schwester vorgestellt hatte. Sie ist langweilig. Sie heult. Sie kann nicht richtig spielen. Unterhalten kann man sich schon gar nicht mit ihr. Die Freundinnen finden sie blöd. Sie zeigt enorme Verhaltensstörungen. Und das Schlimmste von allem: Die Eltern scheinen nur noch sie zu sehen – die schwierige Ina und nicht mehr die liebe Christine!

So hat Christine bald nur noch ein Ziel: Ina muß wieder weg. Der Eklat läßt nicht lange auf sich warten! Aber natürlich gibt es ein happy end!
(Einfühlsam geschrieben, gut zu lesen ab etwa 9–10 Jahren!)

Kanstein, Ingeborg: *Der soll zu uns gehören! Ein Bruder aus Südamerika.* Reinbek 1984 (Rowohlt Rotfuchs)
Auf dem Cover des Taschenbuches wird der Inhalt wie folgt beschrieben: „Neugierig und mißtrauisch sieht Tina auf dem Flughafen dem fremden kleinen Jungen entgegen, den ihre Eltern aus Südamerika geholt haben. Wie geht man mit einem neuen Bruder um, der noch kein Wort Deutsch versteht und aus einer ganz fremden Welt kommt?
Tina ahnt, daß sich jetzt zu Hause manches ändern wird. Die Sache mit dem Bastelzimmer ist nur der Anfang. Tina hat sich so darauf gefreut, und nun wird es Pablos Kinderzimmer. Aber ist es für Pablo nicht noch viel schwieriger? Alles ist hier anders als in der Heimat. Mädchen darf man nicht einfach herumkommandieren, und manche Kinder wollen mit einem Ausländer nicht spielen. Es wird eine aufregende Zeit für Tina, Pablo und ihre Eltern, bis sich die beiden wie richtige Geschwister vertragen – oder auch mal zanken – können."
(Die Problematik einer „späten" Adoption einerseits und die eines Kindes aus einem anderen Kulturkreis andererseits wird sehr realistisch, einfühlsam und nachvollziehbar dargestellt. Das Buch eignet sich gut für 8- bis 11jährige Kinder in gleicher oder ähnlicher Lebens-[Adoptions-]Situation.)

Boie, Kirsten: *Paule ist ein Glücksgriff.* Hamburg 1985 (Oetinger)
Daß Paule „ein Glücksgriff" war, findet Paules Adoptivvater immer wieder – selbst dann, wenn Paule gelegentlich leichte Verwirrungen nicht nur in die Familienszene bringt. Paule ist ein braunes Kind, das deshalb gelegentlich „Neger" tituliert wird. Sein Vater stammt aus Somalia. Als Paule eines Tages einen Ghanesen kennenlernt, bekommt er endlich einen visuellen Eindruck davon, wie die Menschen in „seinem" Erdteil wirklich aussehen. Vaters Schilderungen haben da nicht ganz ausgereicht.
Fragen, die Adoptivkinder im Alltag beschäftigen, beschäftigen auch Paule: Ist meine Mutter eine Stiefmutter – und was wäre eigentlich, wenn sie eine wäre? Und dann kommt eines Tages die Idee mit einem Adoptivgeschwisterchen auf, das aus dem Heim geholt werden soll. Als personifizierte Staatsgewalt erscheint – ganz reali-

stisch – die Sozialarbeiterin zum überprüfenden Hausbesuch, für den – ganz realistisch – extra geputzt wird ...
(Diese und noch weitere Erlebnisse und kleinen Köstlichkeiten aus dem Paule-Alltag werden geschildert. Ein Kinderbuch für 8- bis 10jährige – mit höherem Unterhaltungs- als „Aufklärungs"-wert. Aber es muß ja auch nicht immer alles so belehrend sein, zumal wenn die Eltern das Buch vorher auch lesen und Gespräche daran anknüpfen.)

Mazer, Norma: *Anruf nach acht Jahren.* München 1991 (2) (dtv)
In diesem Buch geht es nicht um Adoption, aber um ein Wiederfinden, das nach einer Adoption sich nicht viel anders gestalten dürfte! Phil reist mit seiner 13jährigen Tochter seit Jahren kreuz und quer durch die USA – wie auf der Flucht. Die Mutter soll bei einem Autounfall ums Leben gekommen sein, der Vater schweigt sich über sie aus. Überhaupt ist alles von Geheimnis umgeben, was die Familie anbelangt.
Eines Tages findet Terri Dokumente und weiß: Der Vater hat sie belogen, die Mutter lebt. Sie geht auf die Suche und findet die Mutter. Und damit beginnt der Konflikt: Zu wem gehört sie? Wo will sie bleiben?
Die Problematik ist identisch mit der von nicht korrekt informierten Adoptivkindern. (Zu empfehlen als Gesprächseinstieg auch für Professionelle, wenn die Versäumnisse der Eltern aufgearbeitet werden müssen!)

Hendriks, Tineke: *Das Haus mit dem blauen Dach.* Stuttgart 1996 (Urachhaus)
Jinta ist ein Adoptivkind aus Korea. Als sie in die Pubertät kommt, wird die Frage nach ihrer Herkunft immer drängender. Gemeinsam mit ihrer Adoptivmutter sucht und findet sie ihre leibliche Mutter in Korea – im Haus mit dem blauen Dach.
(Sehr empfehlenswert, weil realistisch und einfühlsam. Für Eltern und ihre Adoptivkinder ab ca. 12/14 Jahren).

Johnston, Julie: *Mir doch egal!* Stuttgart 1998 (Urachhaus)
Ein flott und frech geschriebenes Buch über ein junges Mädchen, das „erstmal" zu einer neuen Familie kommt und alle nur denkbaren Widerstände auslebt, bis sie über alle Gefühlsnuancen zu sich und der Gemeinschaft findet.
(Gut zu lesen. Gute Gesprächsgrundlage für Eltern und Tochter. Ab 12/14 Jahre).

Boge-Erli, Nortrud: *Ein Zimmer irgendwo.* Dortmund 1975 (Schaff-stein)
Ulrike ist 16 und hat vielfältige Schwierigkeiten mit ihren Adoptiveltern. Sie will sich verselbständigen. Vieles wird versucht, vieles geht schief, das Ende bleibt offen. Es ist eher eine Geschichte um allgemeine Pubertätsprobleme, um die empfundene Enge der elterlichen Welt, die notwendige Ablösung von dem Elternhaus, die Orientierung nach außen, die Konfusion in der Lebensplanung.
(Das Adoptionsverhältnis verschärft diese Themen zusätzlich und kann von daher als „Aufhänger" benutzt werden. Als Diskussionseinstieg [eventuell von seiten der Adoptivtöchter aus] geeignet ab etwa 14–15 Jahren.)

Anderson, Rachel: *Nennen wir ihn doch einfach Robert.* München 1991 (3) (dtv)
Dieses Buch – das sei gleich am Anfang gesagt – ist nur für lesegeübte Jugendliche ab ca. 15 Jahren zu empfehlen. Durch seine wechselnden Szenen zwischen Vietnam, dem Heimatland von Ha, und England, dem Land seiner Adoptiveltern, ist das Buch unruhig (wenngleich die einzelnen Szenen durch unterschiedliche Schrifttypen voneinander getrennt sind). Vor allem zum Ende hin scheint es mir verwirrend, wenn der 14jährige Simon sich so weit in die Geschichte seines neuen Bruders hineindenkt, daß er alle kriegsbedingten Wirrnisse selber zu erleben scheint. (Er macht dabei den Eindruck eines Jugendlichen, der dringend der psychiatrischen Behandlung bedürfte. Das mag aber daran liegen, daß Erwachsene schreiben, wie – vermutlich – Kinder denken!)
Für Simon ist die Adoption des Vietnamesenjungen Ha der erste Einbruch von Leid in seine behütete Kindheit. Dem Leser scheint es des öfteren, als würde er daran zerbrechen. Auf alle Fälle ist seine Kindheit mit dem Akt der Aufnahme beendet – aber das scheint mir auch ganz realistisch zu sein!
Dieses Buch sollten die Eltern auf alle Fälle erstmal selber lesen und auf die Verwendbarkeit in ihrem ganz individuellen Fall prüfen!

Lowry, Lois: *Ich weiß nicht, wer ich bin.* Hamburg 1979 (C. Dressler Verlag)
Natalie, 17 Jahre alt, lebt seit ihrem 5. Lebenstag bei ihren Adoptiveltern, zu denen sie ein sehr gutes Verhältnis hat.
Dennoch ist die Frage nach ihrer Herkunft sehr belastend für sie. – Problematisch ist vor allem, warum sie „weggegeben" wurde. Bevor

sie auf das College kommt, will sie ihre leiblichen Eltern suchen. Ihre Adoptiveltern sind darüber traurig und verletzt, schenken ihr dann jedoch zum Examen ein Bündel mit allen Adoptionsunterlagen und Geld, damit sie sich in ihrer Freizeit auf die Suche begeben kann. Diese gestaltet sich sehr schwierig und aufregend, hat jedoch „Erfolg".

(Ein sehr spannend geschriebenes Buch, das die emotionale Situation aller am Adoptionsgeschehen Beteiligten mit großem Einfühlungsvermögen schildert. Ab etwa 16–17 Jahren als Gesprächsgrundlage für eine eventuelle Suche nach den leiblichen Eltern geeignet.)

Allen, Judy: *Billy – ein Name ist nicht genug.* Stuttgart 1982 (Thienemanns)
Der 17jährige Billy verliert seine beiden Eltern durch einen tödlichen Unfall. Erst durch die Testamentsverlesung erfährt er, daß es seine Adoptiveltern waren. Es beginnt eine abenteuerliche Suche nach den leiblichen Eltern quer durch Europa.
(Eher ein Kriminalroman als ein Gesprächseinstieg, geeignet aber eventuell, um mit den Kindern über die Suche und über ihre ganz allgemeinen Erwartungen im Hinblick auf ihre leiblichen Eltern zu sprechen.)

Wimmer, Wolfgang: *Denk einfach, diese Frau sei deine Mutter.* Reinbek 1989 (Rowohlt – rotfuchs)
Vater Wimmer macht sich mit seinem zwölfjährigen Adoptivsohn Rafael auf nach Ecuador, dem Land, in dem das Kind drei Jahre seines Lebens verbracht hat, bevor es auf der Straße aufgegriffen und in ein Heim gebracht wurde. Von dort aus vermittelte terre des hommes es nach Freiburg in Deutschland.
Vater und Sohn gehen den Spuren des Kindes nach, rekonstruieren das Verlorengegangensein, suchen alte Plätze auf, mit denen Rafael Erinnerungen verbindet. Rafael möchte seine Mutter finden. Alle seine Gedanken kreisen um dieses Thema. Der Lehrer-Vater jedoch scheint mit seiner etwas überzogenen Philosophiererei dem 12jährigen bei dieser Thematik aber keine rechte Hilfe zu sein. Er entfernt sich mit seiner Sprache weit vom Anliegen des Kindes, „relativiert" alle Wünsche (daher auch dieser Titel!), verschleppt sie im Gespräch. Sein eigener psychischer Anteil ist nur zu vermuten.
(Empfehlenswert dennoch – aber erst ab ca. 14 Jahren!)

Welsh, Renate: *Einfach dazugehören*. Wien/München 1984 (Verlag Jungbrunnen)

Die Autorin der „19 Erzählungen zum Thema Adoption" schreibt in ihrer Einleitung: „Geschichten können Bilder korrigieren und ergänzen, denke ich." – und so hat sie Geschichten von Adoptionen (wieder-)erzählt.

Interessant sind insbesondere die zusammengehörigen Geschichten, in denen die unterschiedlich Beteiligten aus ihrer Sicht berichten: die (unfreiwilligen) Großeltern, die unfreiwillig Schwester gewordene leibliche Tochter ...

„Mit einem anderen Mann hätte ich ein eigenes Kind haben können", hat die Mutter zum Vater gesagt und war erstarrt, als sie den Adoptivsohn dabei in der offenen Tür stehen sah. Alltagsgeschichten, Probleme, Freude, Lösungen sind in diesem Lesebuch über Adoptionen zusammengetragen. Seine Stärke ist seine Realitätssicht, die sich von den üblichen Heile-Welt-Geschichten über Adoption angenehm abhebt und somit Identifikationen und problemlösende Gespräche ermöglicht.

(Es ist zu empfehlen für Jugendliche ab etwa 15 Jahren und für Erwachsene, die adoptiert haben oder adoptieren wollen.)

Bücher, die Adoptiveltern interessieren könnten

Im folgenden werden Literaturhinweise auf Bücher gegeben, die für Adoptiveltern von besonderem Interesse sein könnten. In erster Linie handelt es sich um Erfahrungsberichte von anderen Adoptiveltern: Überlegungen vor der Adoption, Erfahrungen mit Behörden und Heimen, das Warten, der erste Kontakt, Freude und Enttäuschungen – und dann das Aufwachsen des Kindes/der Kinder, Erziehungsalltag, Realität. Mehrere der angegebenen Bücher sind in Tagebuchform geschrieben. Die Erfahrungsberichte sind vor allem deswegen zu empfehlen, weil Adoptiveltern hier „Verwandtes" finden: ... andern geht es ebenso!

Adoption ist etwas Selbstverständliches – aber doch ein bißchen anders. Andere Fragestellungen, andere Probleme kommen zum üblichen Erziehungsgeschehen hinzu – und Adoptiveltern, die keinen Kontakt zu anderen haben, finden hier „Austausch".

Darüber hinaus sind einige Bücher zum aktuellen Stand von Forschung und Diskussion in die Liste aufgenommen (in der Regel auch für den „Laien" leserlich). Eine umfassendere Literaturliste über Adoption und benachbarte Themen (z. B. Pflegefamilien, Schwangerschaftsabbruch, Leihmütter usw.) befindet sich mit über 800 Titeln in Swientek, Christine: *Die abgebende Mutter im Adoptionsverfahren.* Bielefeld 1986, B. Kleine Verlag).

* *Arlt, Marianne:* Pubertät ist, wenn die Eltern schwierig werden. Freiburg 1992 (Herder)
  Auhagen-Stephanos, Ute: Wenn die Seele nein sagt. Reinbek 1991 (Rowohlt) – Über Unfruchtbarkeit –

* *Bach, Rolf:* Gekaufte Kinder. Babyhandel mit der Dritten Welt. Reinbek 1986 (Rowohlt)

Brouck, Jeanne van den: Handbuch für Kinder mit schwierigen Eltern. Stuttgart 1981 (Klett-Cotta), darin das Kapitel: „Die adoptierten Eltern"

* *Chinnock, Frank:* Ich Kim – wer du? Wien/Hamburg (Zsolany)

* *Dericum, Christa:* Fritz und Flori – Tagebuch einer Adoption. München 1980 (dtv)

Dowrick, Stephanie/Grundberg, Sibyl (Hrsg.): Will ich wirklich ein Kind? Frauen erzählen. Reinbeck 1982 (Rowohlt)

Fallaci, Oriana: Brief an ein nie geborenes Kind. Frankfurt 1977 (Fischer-Tb)

* *Galin, Dagmar:* Ana und Blanca. Die Geschichte einer Adoption. Köln 1974 (Kiepenheuer und Witsch); identisch mit: Zwei Kinder finden ein Zuhause. Göttingen 1977 (Fischer)

Guderian, Claudia: Ich bin Ihre Tochter. Solothurn 1989 (aare) – Eine adoptierte Frau auf der Suche nach ihrer Herkunft.

Guderian, Claudia: Wo komm ich eigentlich her? Freiburg 1994 (Herder) – Geschichte einer Adoption – von der Adoptierten selber geschrieben.

Heide, Christine: Kind in Deutschland. Hamburg 1981 (Gruner und Jahr)

Herzog, Marianne: Suche. Darmstadt 1988 (Luchterhand) – Eine Mutter berichtet über ihre Erfahrungen bei der Suche nach dem abgegebenen Sohn. –

Hofmann-Riem, Christa: Das adoptierte Kind. Familienleben mit doppelter Elternschaft. München 1984 (W. Fink) – Hamburger Untersuchung/Interviews mit Adoptiveltern

Jackson, Rosie: Mütter, die ihre Kinder verlassen – alles Rabenmütter? Frankfurt 1998 (Fischer) – Über Frauen, die mit unterschiedlichen Gründen sich von ihren Kindern trennen.

Jacob/Lutz: Wir haben ein Kind angenommen. Stuttgart 1978 (Quell). Adoptiveltern berichten über verschiedene Erfahrungen/Problemkreis der Adoption

Kohl, Günter: Die verletzlichen Kinder. Nach der Adoption. Artikel in: Sozialmagazin 4/1980, S. 22–31 – Ein Adoptivvater berichtet über die Erziehungsprobleme mit einem älteren Adoptivkind

Kerner, Charlotte: Kinderkriegen – Ein Nachdenkbuch. Weinheim 1984 (Beltz)

Klinkhammer, Monika: Grenzbereich Auslandsadoption. Zur Problematik von Auslandsadoptionen unter besonderer Berücksichtigung abgebender peruanischer Mütter. Idstein 1990 (Schulz-Kirchner).

Kraft, Christine: Schattenkind. Frankfurt 1984 (Fischer Tb) – Erzählung einer „abgebenden Mutter"

* *Liften, Betty:* Reise durch das Labyrinth der Kindheit. Memoiren einer Adoptivtochter. Freiburg 1992 (Herder) – Die Autorin berichtet über ihre eigene Suche nach den leiblichen Eltern.

Lifton, Betty: Adoption. Stuttgart 1982 (Klett-Cotta) – Bericht über die Probleme Adoptierter in den USA, ihre Vergangenheit/Herkunft zu entdecken und aufzuarbeiten.

Margolis, Seth J.: Die andere Mutter. Wer entscheidet, was eine Mutter ausmacht? München 1994 (Heyne) – Durchaus realistischer Roman zweier Mütter um ein Kind.

Mitterauer, Michael: Ledige Mütter. Zur Geschichte unehelicher Geburten in Europa. München 1983 (C. H. Beck)

Napp-Peters, Anneke: Adoption – das alleinstehende Kind und seine Familien. Neuwied 1978 (Luchterhand) – Größte bisher erschienene Untersuchung zur Adoptionsvermittlungspraxis in der Bundesrepublik Deutschland

Oesterreicher-Mollwo, Marianne: Tagebuch für meine indianische Tochter. Geschichte einer Adoption in Peru. Freiburg 1992 (Herder).

Paczensky, Susanne von/Sadrozinski, Renate (Hrsg.): Die neuen Moralisten. § 218 – Vom leichtfertigen Umgang mit einem Jahrhundertthema. Reinbeck 1984 (Rowohlt) – u. a. mit einer Befragung von Frauen, die abgetrieben haben, zur Frage nach Adoption als Alternative.

* *Peetz, H.:* Eltern gesucht. Originalreportagen zu: Keine Angst vor Thomas B., Würzburg 1976 (Echter)

Schaefer, Carol: Ich werde dich finden, mein Sohn. Augsburg 1996 (Weltbild) – Eine abgebende Mutter sucht und findet ihren Sohn.

Schärer, Roland: Adoptiert. Lebensgeschichten ohne Anfang. Muri/Bern 1991 (Cosmos) – Sieben Adoptierte schreiben über ihre Adoptionsgeschichten und die Suche nach den leiblichen Eltern. –

Söhl, Irmhild: Tadesse, warum? Das kurze Leben eines äthiopischen Kindes in einem deutschen Dorf. Freiburg 1991 (Herder).

Sorosky/Baran/Pannor: Adoption. Zueinander kommen – miteinander leben. Reinbeck 1982 (Rowohlt)

* *Swientek, Christine:* „Ich habe mein Kind fortgegeben". Die dunkle Seite der Adoption. Reinbeck 1982 (Rowohlt) – Interviews mit "abgebenden Müttern", mit Adoptionsvermittlungsstellen und Adoptiveltern über abgebende Mütter.

Swientek, Christine: Alleinerziehende – Familien wie andere auch? Zur Lebenssituation von Ein-Eltern-Familien. Bielefeld 1984 (B. Kleine) – Sozioökonomische und psychosoziale Daten zur Situation alleinerziehender Frauen als sozialpolitische Grundlage der Adoption.

Swientek, Christine: Die "abgebende Mutter" im Adoptionsverfahren. Bielefeld 1986 (B. Kleine) – Interviews mit 75 Frauen, die ihre Kinder zur Adoption freigegeben haben: damalige Situation, Vermittlungspraxis und Verarbeitung der Trennung vom Kind

* *Swientek, Christine:* Wer sagt mir wessen Kind ich bin? Von Adoption Betroffene auf der Suche. Freiburg 1993 (Herder) – Erfahrungsberichte aller an Suche beteiligten Personen.

Szypkowski, Beate: Die Kontinuität der "guten Mutter". Zur Situation von Frauen, die ihre Kinder zur Adoption freigeben. Pfaffenweiler 1997 (Centaurus).

* *Terlan, Gaby:* Zwölf Monate sind mehr als ein Jahr. Natalie wird adoptiert. Wuppertal 1979 (Oncken) – Bericht einer Adoptivmutter über die Adoption eines behinderten Kindes.

* *Wagner, Christel:* Ich nehme dich in meine Arme. Erfahrungen einer Adoptivmutter. Mainz 1982 (M. Grünewald)

Wagnerova, Alena K.: Wir adoptieren ein Kind. Freiburg 1981 (Herder) – Ratgeber über Formalia einer Adoption.

* *Weidlich, H. J.:* Der Knilch und sein Schwesterchen. Hamburg 1958 (Rauhes Haus)

* *Weidlich, H. J.:* Herr Knilch und Fräulein Schwester. Hamburg (Rauhes Haus) – Bericht eines Adoptivvaters über das Heranwachsen seiner beiden Adoptivkinder

Wiemann, Irmela: Pflege- und Adoptivkinder. Familienbeispiele, Informationen, Konfliktlösungen. Reinbek 1991 (Rowohlt).

Westphal, Jutta: Und keiner wollte ihn haben. Geschichte einer Adoption. München 1978 (Droemer Knaur)

Weyer, Margot: Die Adoption fremdländischer Kinder. Erfahrungen und Orientierungshilfen. Stuttgart 1979 (Quell)

Weyer, Margot: Adoption gelungen? Erfahrungsberichte über die Integration fremdländischer Kinder. Stuttgart 1985 (Quell)

* *Wimmer, Maria:* Wer Tränen abwischt, macht sich die Hände naß. Reinbek 1983 (Rowohlt) – Bericht einer Adoptivmutter über die ersten Jahre ihres südamerikanischen Adoptivsohnes

(* bedeutet, daß die Bücher auch für Jugendliche ab 15–16 Jahren geeignet sind.)

Leben mit Kindern

Peter Veith
Eltern nehmen Kinder ernst
Die 7-Schritte-Methode zur Lösung von Familienkonflikten
nach Rudolf Dreikurs
Band 4640
Ein leicht anwendbares Programm, das hilft, in Konfliktsituationen den
Bedürfnissen von Eltern und Kindern gerecht zu werden.

Xenia Frenkel
Kindern Werte mitgeben
Worauf es ankommt und wie es gelingt
Band 4632
Emotionale und soziale Fähigkeiten sind ebenso wichtig wie Durch-
setzungskraft und Selbstbewußtsein, um im Leben erfolgreich zu sein.

Gerda Wichtmann
Kinder brauchen Orientierung
Ein praktischer Ratgeber nach Maria Montessori
Band 4608
Kinder brauchen Freiräume, aber auch feste Regeln, um sich gut zu
entwickeln. Viele Beispiele aus dem Erziehungsalltag.

Daniela Blickhan
Nerv nicht so, Mama!
Wie Eltern sich und ihren Kindern mit NLP helfen können
Band 4535
Schwierige Kinder gibt es nicht! Es gibt jedoch schwierige Situationen.
NLP hilft, die Kinder besser zu verstehen.

Walter Pacher
Wenn Kinder keine Grenzen kennen
Konflikte lösen ohne Machtanwendung
Band 4494
Wie die Methode der Familienkonferenz erfolgreich sein kann, zeigt
Walter Pacher mit vielen Beispielen und Übungen.

HERDER / SPEKTRUM